Pratima
Ramki:

Leyendas
de España

Legends Reflecting
the History of Spain

Genevieve Barlow

and

William N. Stivers

Illustrations by George Armstrong and Jeff Stern

"I'm going to give you insider information

National Textbook Company
a division of NTC/Contemporary Publishing Group
NTC Lincolnwood, Illinois USA

Special thanks to Dr. Phillip Thomason for his collaboration on
"El cajón misterioso."

ISBN: 0-8442-7241-8

Published by National Textbook Company,
a division of NTC/Contemporary Publishing Group, Inc.
4255 West Touhy Avenue,
Lincolnwood (Chicago), Illinois 60646-1975 U.S.A.

890 VP 0987654321

Índice

Preface

This new and expanded second edition of *Leyendas de España* is a collection of tales designed for readers who are beginning to function comfortably in Spanish and who want to become more familiar with the cultural heritage of Spain.

We have arranged the eighteen captivating legends in chronological order. The stories cover a period of more than a thousand years, beginning with the era before the conquest of Spain by the Moors, in the eighth century, and ending with events from the close of the eighteenth century. The history of Spain during this time was rather violent, and thus the legends reflect war, intrigue, and death. Still, the warm and humane aspects of the Spanish character prevail. The settings of the stories are as varied as the characters, and include many of Spain's provinces—from the Basque provinces in the north to the southernmost region of the Iberian peninsula, Andalusia, and from the austere landscape of Castile to the lush vegetation of Valencia, on the Mediterranean coast.

As you read the legends, you will not only enjoy delightful stories, you will also develop your Spanish-language skills, and learn something about the history, geography, culture, customs, and values of the Spaniards. Even though the stories have been written entirely in Spanish, the language is controlled and accessible. The more difficult words and expressions have been glossed and defined in English at the foot of the page. At the end of the book there is a bilingual Spanish-English Vocabulary list to help you, too. Questions and activities at the end of each story will evaluate your reading comprehension and develop your grammar and vocabulary skills.

We hope you will enjoy this journey through Spain's fascinating past!

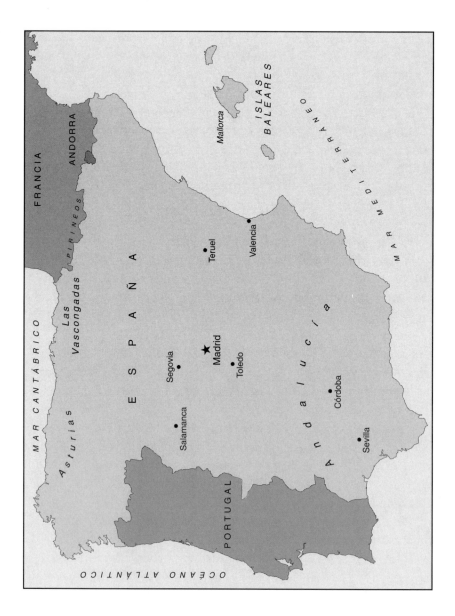

1 | Lémor de Irlanda

E n el norte de España se encuentran[1] tres provincias vascongadas:[2] Guipúzcoa, Vizcaya y Álava. Se cree que sus habitantes son descendientes de pueblos muy antiguos[3] que una vez vivieron en Francia y España. La lengua vasca[4] es difícil de aprender; no se parece a ninguna otra lengua. Los vascos son gente industriosa, independiente, sencilla y valiente. Uno de sus juegos favoritos es el jai alai. Se dice también que los marineros de estas provincias son los mejores de España.

Hace muchos años, vivió en Irlanda[5] un buen rey llamado Morna. Todo el pueblo amaba al rey y a sus dos hijos, Lémor y Armín, jóvenes nobles y buenos.

Una mañana, el rey y los príncipes,[6] acompañados de muchos de sus criados, salieron a cazar jabalíes,[7] los cuales abundaban en el bosque cercano.[8] El rey y algunos[9] de los criados entraron por un lado del bosque y los príncipes y otros criados por otro. De pronto Lémor, el hijo mayor, gritó:

—Ahí va un jabalí, cerca de esos altos robles.[10]

---

[1]**se encuentran** are located   [2]**vascongadas** Basque   [3]**antiguos** ancient   [4]**vasca** Basque
[5]**Irlanda** Ireland   [6]**príncipes** princes   [7]**jabalíes** wild boars   [8]**cercano** nearby
[9]**algunos** some   [10]**robles** oaks

En seguida,[11] la flecha de Lémor fué volando en aquella dirección. Él, Armín y los criados fueron en busca del animal. Pero la flecha no dio en el jabalí. Al acercarse[12] a los robles, oyeron un grito de agonía y vieron al rey tendido[13] en el suelo. La flecha estaba hundida[14] en el pecho[15] del rey Morna. Momentos después, murió el rey y todos lloraron tristemente la tragedia. Lémor estaba desconsolado.[16]

Al volver todos al castillo, se reunieron los jefes ancianos. Después de hablar largas horas, llamaron a Lémor, el heredero al trono,[17] y le dijeron:

—Lémor, aunque[18] usted no tiene culpa, ha sido su flecha la que ha matado a su querido padre. Por eso, usted no podrá[19] ser nuestro rey. Armín, su hermano menor, ocupará su lugar.[20] Y mañana usted con dos de sus criados, saldrán[21] de Irlanda en un pequeño barco. ¡Que buen viento le acompañe[22] y que el Cielo le guíe![23]

A la mañana siguiente muy temprano,[24] el príncipe y sus criados partieron.[25] Tristes y fatigados, pasaron muchos días en el mar.

Al fin, Lémor vio tierra. Al llegar él y sus criados, quedaron muy impresionados. Vieron que la tierra era tan verde y hermosa como en Irlanda.

Afortunadamente, habían llegado ellos a la tierra de los vascongados, gente amable y generosa. Al ver a los extranjeros[26] en la playa, hombres y mujeres abandonaron sus labores y corrieron a ofrecerles ayuda. Lekobide, el caudillo,[27] al enterarse[28] quiénes eran, les ofreció una segunda patria. Cada uno de los viajeros fue llevado a casa de gentes hospitalarias[29] donde podía vivir como miembro de la familia. Lémor, por ser[30] príncipe, fue invitado a ser huésped[31] del caudillo y su familia.

Todos estaban contentos con sus nuevas familias, especial-

---

[11]**En seguida** right away   [12]**Al acercarse** on approaching   [13]**tendido** lying   [14]**hundida** sunk   [15]**pecho** chest   [16]**desconsolado** inconsolable   [17]**heredero al trono** heir to the throne   [18]**aunque** although   [19]**no podrá** will not be able to   [20]**ocupará...lugar** will take your place   [21]**saldrán** will leave   [22]**Que...acompañe** May a good wind accompany you   [23]**que...guíe** May the heavens guide you   [24]**temprano** early   [25]**partieron** departed   [26]**extranjeros** foreigners   [27]**caudillo** leader   [28]**al enterarse** upon learning   [29]**hospitalarias** hospitable   [30]**por ser** being   [31]**huésped** guest

mente Lémor. El príncipe se había enamorado de la hermosa hija del caudillo y, con autorización de éste, quería casarse con ella.

El día de la boda,[32] Lekobide cayó gravemente enfermo.[33] Y para empeorar las cosas,[34] aquel día también los centinelas avisaron que los asturianos,[35] sus enemigos del oeste,[36] venían en son de guerra[37] avanzando rápidamente.

—¿Qué vamos a hacer sin Lekobide? —gritaron todos. Eran valientes los soldados vascongados, pero necesitaban un buen caudillo.

Desde la cama, Lekobide les dijo:

—Han pasado muchos años desde las últimas guerras y ahora estoy enfermo y viejo. No puedo seguir siendo su caudillo. Pero tengo la solución. Lémor, quien ahora es mi yerno, lleva sangre noble en sus venas: él será su caudillo.

Al principio, Lémor no quiso aceptar, pero todos insistieron.

—Sí, usted será ahora nuestro caudillo —dijeron todos.

Y Lémor, despidiéndose[38] de su nueva esposa, se puso a la cabeza[39] de los soldados y todos se lanzaron montaña arriba[40] contra las tropas de los asturianos. Muy pronto los vascongados, guiados por Lémor, vencieron a los asturianos.

Las mujeres fueron a recibir con brazos abiertos a los victoriosos soldados. La esposa de Lémor, llorando de felicidad, gritó con todas:

—¡Que Dios bendiga[41] a nuestro nuevo caudillo!

Se dice que, por muchos años, los descendientes de Lémor y la hija de Lekobide siguieron siendo caudillos, dignos representantes de dos nobles razas.

---

[32]**boda** wedding [33]**cayó...enfermo** became seriously ill [34]**para...cosas** to make matters worse [35]**asturianos** Asturians [36]**oeste** west [37]**en son de guerra** with the purpose of waging war [38]**despidiéndose** saying farewell [39]**cabeza** head [40]**montaña arriba** up the mountain [41]**Que Dios bendiga** May God bless

Ejercicios

A. Termine las frases con las palabras apropiadas.

1. Los marineros de las provincias vascongadas son
   (a) buenos criados.
   (b) unos de los mejores de España.
   (c) ancianos y enfermos.
   (d) franceses.

2. El rey y sus hijos salieron a cazar
   (a) príncipes.
   (b) barcos.
   (c) jabalíes.
   (d) criados.

3. Para cazar jabalíes, uno va al
   (a) bosque.
   (b) mar.
   (c) río.
   (d) caudillo.

4. La flecha de Lémor
   (a) se cayó a la tierra.
   (b) no valía nada.
   (c) se rompió.
   (d) mató a su padre.

5. Lémor salió de Irlanda con
   (a) sus flechas.
   (b) su familia.
   (c) sus criados.
   (d) un caballo.

6. Lémor llegó a la tierra de
   (a) África.
   (b) los vascongados.
   (c) los jabalíes.
   (d) los franceses.

7. El día de la boda, Lekobide
   (a) se enfermó gravemente.
   (b) salió a cazar.
   (c) fue al mercado.
   (d) declaró la guerra.

8. Lémor se enamoró de
   (a) un jabalí.
   (b) su barco.
   (c) la guerra.
   (d) la hija del caudillo.

9. Lekobide ofreció a los extranjeros
   (a) pan y mantequilla.
   (b) una segunda patria.
   (c) volver a Irlanda con ellos.
   (d) una guerra.

10. Lémor llegó a ser
    (a) profesor.
    (b) criado.
    (c) zapatero.
    (d) el caudillo.

B. ¿Cuál es la palabra que no pertenece a cada grupo?

1. marinero, zapatero, sombrero, panadero, carpintero

2. provincia, país, ciudad, lengua, patria

3. pecho, brazo, cabeza, mano, leyenda

4. barco, padre, hermano, hija, yerno

5. día, huésped, tarde, noche, mañana

6. guerra, tropas, batalla, paz, conquista

C. **Busque en la segunda columna las palabras que tengan el significado contrario a las de la primera columna.**

1. mujer	a. problema
2. enfermo	b. andar
3. llorar	c. malo
4. solución	d. fea
5. tragedia	e. hombre
6. correr	f. reír
7. tierra	g. mar
8. hermosa	h. alegre
9. bueno	i. sano
10. bosque	j. indigno
11. triste	k. bendición
12. digno	l. desierto

Arrímate a los buenos y serás uno de ellos.

Hombre prevenido nunca fue vencido.

2 | La profecía de la gitana

A principios del siglo VIII, los moros del norte de África invadieron España. En tan sólo siete años llegaron a dominar casi toda la península, excepto las montañas del norte y algunas regiones de los Pirineos.[1] En la parte que hoy se llama Asturias, vivieron el noble visigodo[2] don Pelayo y sus compatriotas. Esta leyenda trata de[3] una batalla que libraron[4] los visigodos contra los moros en el año 718.

Abd al-Aziz, noble príncipe moro, estaba muy triste, y con razón. Él acababa de perder[5] su primera batalla del largo y sangriento[6] conflicto con don Pelayo y sus soldados. Todos los soldados moros que no murieron en la batalla fueron hechos prisioneros por don Pelayo. Sólo el príncipe y su criado habían podido escapar de las manos del enemigo. Ahora ellos huían[7] hacia el sur en dirección a una alta montaña. Allí querían pasar la noche.

Era tarde y los dos moros estaban casi muertos de la fatiga. Además,[8] tenían hambre y sed; pero no se atrevían[9] a buscar ayuda. Tenían miedo de ser descubiertos por el enemigo.

---

[1]**Pirineos** Pyrenees mountains   [2]**visigodo** Visigoth   [3]**trata de** deals with   [4]**libraron** waged   [5]**acababa de perder** had just lost   [6]**sangriento** bloody   [7]**huían** were fleeing   [8]**Además** besides   [9]**no se atrevían** did not dare

Después de caminar hasta que fue de noche,[10] llegaron a la alta montaña donde descubrieron[11] una cueva inmensa.

—Vamos a escondernos aquí —dijo el criado—. Tal vez aquí nuestros enemigos no nos hallarán.[12]

—Muy bien —respondió Abd al-Aziz—. Estoy seguro de que Alá[13] va a protegernos,[14] especialmente si hay una araña[15] aquí.

El criado miró con sorpresa al príncipe, creyendo que el pobre estaba loco debido[16] a las muchas batallas.

—No se preocupe, amigo. No estoy loco. Es que todavía recuerdo bien lo que me dijo una gitana[17] en Granada.

—¿Y qué le dijo esa gitana? —preguntó el criado.

—Me dijo: "Algún día una araña te va a salvar la vida". Por eso desde aquel momento nunca he herido[18] o matado una araña. ¿Qué cree usted? ¿Hago bien?

Pero el fiel criado no dijo nada. Se durmió en el suelo sobre una cama de hojas secas. El príncipe también se acostó y se durmió.

A la mañana siguiente, los dos hombres se despertaron al oír fuertes voces[19] y pasos[20] cerca de su escondite.[21] Un grupo de hombres armados se acercaba a la entrada de la cueva.

—¡Los visigodos! —dijo el criado a su señor en voz baja.

—Vamos a buscar aquí —gritó uno del grupo de afuera, preparándose para entrar.

—Es inútil —contestó otro—. ¡Nadie ha entrado allí!

—¿Cómo lo sabe usted?

—Hombre, ¿no tiene usted ojos? ¿No ve en la entrada de la cueva una gran telaraña[22] que la cubre de un lado a otro? ¿Por dónde entraría uno?

Todos miraron la entrada y vieron que había, en efecto, una telaraña que cubría la entrada de la cueva.

—Tendremos que notificar a don Pelayo que el príncipe y su

---

[10]**hasta...noche** until nightfall   [11]**descubrieron** discovered   [12]**no...hallarán** will not find us   [13]**Alá** Allah   [14]**protegernos** protect us   [15]**araña** spider   [16]**debido** due   [17]**gitana** gypsy   [18]**herido** hurt, wounded   [19]**fuertes voces** loud voices   [20]**pasos** footsteps   [21]**escondite** hiding place   [22]**telaraña** spider web

criado no aparecen por ninguna parte —dijo uno de los visigodos—. Han logrado escabullirse.[23]

Dentro de la cueva, el príncipe y su criado se miraron[24] admirados.[25] Les pareció un milagro.[26] Durante la noche, una
araña había construido aquella cortina salvadora[27] y los dos le
debían su vida a esa araña.

—Es la araña providencial de que habló la gitana —dijo el
príncipe—. Sin ella estaríamos a estas horas en poder[28] del enemigo. ¡Gracias, bendita[29] araña!

EJERCICIOS

A. Termine las frases con las palabras apropiadas.

1. Los moros que invadieron España vinieron
   (a) del sur de África.
   (b) de las Islas Baleares.
   (c) del norte de África.
   (d) de islas del Océano Atlántico.

2. Dominaron casi toda España en
   (a) siete años.
   (b) seis años.
   (c) diecisiete años.
   (d) un siglo.

3. Un príncipe moro acababa de perder su
   (a) palacio.
   (b) mano.
   (c) caballo árabe.
   (d) primera batalla.

---

[23]**escabullirse** escape, evade   [24]**se miraron** looked at each other   [25]**admirados**
astounded   [26]**milagro** miracle   [27]**cortina salvadora** saving curtain   [28]**en poder** in the
power   [29]**bendita** blessed

4. El príncipe y su criado habían podido
   (a) visitar un museo.
   (b) escapar.
   (c) ir al mercado.
   (d) asistir a una fiesta.

5. Estaban huyendo en dirección a
   (a) una playa.
   (b) un puente.
   (c) una montaña.
   (d) un río.

6. En la montaña querían
   (a) pasar la noche.
   (b) gozar de una fiesta.
   (c) visitar a sus amigos.
   (d) comprar comida.

7. Al llegar a la montaña, descubrieron
   (a) un río.
   (b) dos espadas.
   (c) una cueva inmensa.
   (d) tropas.

8. El criado miró con sorpresa
   (a) la cueva.
   (b) al príncipe.
   (c) la montaña.
   (d) sus manos.

9. Una telaraña cubría
   (a) al príncipe.
   (b) las rocas.
   (c) la cabeza del príncipe.
   (d) la entrada de la cueva.

10. El príncipe y su criado debían su vida a
    (a) los mosquitos.
    (b) los jabalíes.
    (c) los visigodos.
    (d) la araña.

B. Conteste con frases completas.

1. ¿De dónde venían los moros?

2. ¿Cuándo invadieron España?

3. ¿En cuántos años llegaron los moros a dominar la mayor parte de la península?

4. ¿Cuándo fue la batalla entre los visigodos y los moros?

5. ¿Quiénes ganaron la batalla?

6. ¿Por qué estaba triste el príncipe moro?

7. ¿Quiénes habían podido escapar de las manos de los visigodos?

8. ¿Adónde huían?

9. ¿Dónde pasaron la noche el príncipe y su criado?

10. ¿Se cumplió la profecía de la gitana?

C. ¿Qué palabras tienen el significado contrario a éstas?

1. enemigo

2. norte

3. corto

4. pequeño

5. nada

6. acostarse

7. muchas

8. voz baja

9. entrada

10. inútil

D. Complete las frases con la palabra apropiada: *a, al, con, de, del, en, entre, por, sin, sobre.*

1. _____ principios _____ siglo VIII los moros invadieron España.

2. El príncipe estaba triste, y _____ razón.

3. Los moros fueron hechos prisioneros _____ don Pelayo.

4. Esta leyenda trata _____ la batalla _____ los visigodos y los moros.

5. Vamos _____ escondernos aquí.

6. Durmió _____ el suelo _____ una cama de hojas secas.

7. Estoy seguro _____ que Alá va _____ protegernos.

8. Miró _____ sorpresa _____ príncipe.

9. _____ ella estaríamos _____ estas horas _____ poder _____ enemigo.

10. Los dos le debían su vida _____ la araña.

La guitarra es de plata;
Las cuerdas de oro;
Y el que está tocando
Vale un tesoro.

3 | El rescate

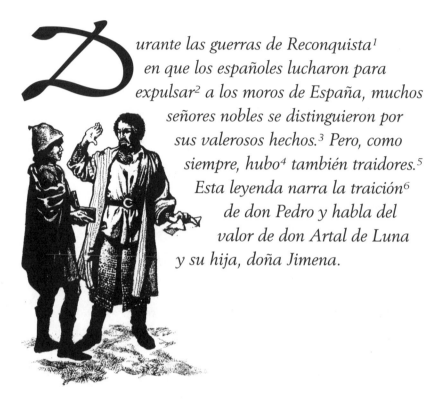

Durante las guerras de Reconquista[1] en que los españoles lucharon para expulsar[2] a los moros de España, muchos señores nobles se distinguieron por sus valerosos hechos.[3] Pero, como siempre, hubo[4] también traidores.[5] Esta leyenda narra la traición[6] de don Pedro y habla del valor de don Artal de Luna y su hija, doña Jimena.

Alrededor del año 1232, cuando don Jaime I el Conquistador era rey de Aragón, hubo señores muy valientes[7] que prestaron[8] sus servicios en favor del rey y las guerras de Reconquista. Uno de los más valientes fue don Artal de Luna. Era él de los más fieles[9] y devotos. En cambio,[10] don Pedro Ahones, al ver la primera oportunidad, traicionó[11] al rey y se puso[12] del lado de los moros.

Al darse cuenta de[13] esta traición, don Artal juró venganza[14]

---

[1]**Reconquista** Reconquest   [2]**expulsar** expel, drive out   [3]**valerosos hechos** brave deeds
[4]**hubo** there were   [5]**traidores** traitors   [6]**traición** treason   [7]**valientes** valiant,
courageous   [8]**prestaron** gave, loaned   [9]**fieles** faithful   [10]**En cambio** On the other hand
[11]**traicionó** betrayed   [12]**se puso** placed himself   [13]**Al darse cuenta de** Upon realizing
[14]**juró venganza** swore vengeance

y decidió castigar[15] a don Pedro. Aunque las fuerzas de don Artal eran inferiores en número a las de don Pedro, don Artal no vaciló.[16] Los dos nobles y sus soldados pelearon. Don Pedro venció[17] a don Artal y lo tomó prisionero.

Era costumbre[18] en ese tiempo dar oportunidad a los prisioneros de pagar un rescate[19] por su libertad.

—Don Pedro —dijo don Artal—, fije la cantidad[20] del rescate y se la pagaré.

—Pero, don Artal —respondió don Pedro—, ya he enviado mensajeros[21] a su castillo[22] con el precio del rescate. Confío[23] que su hija lo pagará.

Don Artal sospechó[24] peligro[25] para su hija, pero no pudo hacer nada.

Cuando doña Jimena, la hija de don Artal, vio a los mensajeros acercarse[26] al castillo, supo que su padre estaba en peligro. Uno de los mensajeros entró en el palacio y le dio a doña Jimena un pergamino.[27] Ella lo leyó:

Señora mía, doña Jimena:

Su padre ha sido vencido y es ahora mi prisionero. Le pido a usted su mano a cambio de[28] la vida y libertad de su padre.

Su constante admirador

Ella no movió ni un músculo de la cara. Esperó un momento y luego le dijo al mensajero:

—Acepto el precio que don Pedro pide por la vida y libertad de mi padre. Pero como no me fío de él,[29] deseo ver a mi padre aquí primero y luego, por mi honor,[30] su petición será cumplida.[31]

El mensajero salió del castillo y volvió al campamento[32] de

---

[15]**castigar** punish   [16]**no vaciló** did not hesitate   [17]**venció** defeated   [18]**Era costumbre** It was customary   [19]**rescate** ransom   [20]**fije la cantidad** set the amount   [21]**mensajeros** messengers   [22]**castillo** castle   [23]**Confío** I trust   [24]**sospechó** suspected   [25]**peligro** danger   [26]**acercarse** approach   [27]**pergamino** parchment   [28]**a cambio de** in exchange for   [29]**como no me fío de él** since I don't trust him   [30]**por mi honor** on my word of honor   [31]**cumplida** granted, fulfilled   [32]**campamento** encampment

don Pedro con las palabras de doña Jimena. Cuando don Pedro oyó la respuesta, sintió un gozo[33] diabólico, porque todo había sido muy fácil.

Al día siguiente, acompañado del mismo mensajero, don Artal fue enviado a su castillo. De lejos podía ver a su hija en una de las ventanas de la torre. Don Artal despidió[34] al mensajero y entró en el castillo. En ese momento, por una puerta de atrás, salió un misterioso caballero[35] a todo galope.[36]

El caballero llegó finalmente al campamento de don Pedro y pidió hablar con él. Llevaba un pequeño cofre[37] en una mano y un pergamino en la otra. Don Pedro, sorprendido, aceptó el pergamino y comenzó a leer:

Don Pedro:

Usted ha cumplido su palabra al darle a mi padre su libertad. La vida de él vale[38] más que mi mano. Se la mando entonces, pero nunca tendrá usted mi corazón.

Doña Jimena

Don Pedro, confuso, abrió el cofre. Envuelta[39] en sedas[40] estaba una mano de mujer recién[41] cortada y todavía sangrienta.[42]

EJERCICIOS

A. Termine las frases con las palabras apropiadas.

1. Alrededor del año 1232, don Jaime I
   - (a) viajó a Irlanda.
   - (b) cazó jabalíes.
   - (c) era rey de Aragón.
   - (d) peleó en Francia.

---

[33]**gozo** pleasure [34]**despidió** dismissed [35]**caballero** knight [36]**a todo galope** at full gallop [37]**cofre** coffer, box [38]**vale** is worth [39]**Envuelta** Wrapped [40]**sedas** silk [41]**recién** recently [42]**sangrienta** bleeding

2. Don Pedro Ahones traicionó
   (a) a sus padres.
   (b) al rey.
   (c) a su hermanito.
   (d) a su hija.

3. Don Artal quiso
   (a) castigar a don Pedro.
   (b) escapar de España.
   (c) huir a las montañas.
   (d) ser criado.

4. Don Pedro hizo prisionero
   (a) al rey.
   (b) a su padre.
   (c) a su criado.
   (d) a don Artal.

5. Los prisioneros podían pagar
   (a) su libertad.
   (b) su comida.
   (c) sus vestidos.
   (d) su baño.

6. Don Artal sospechó peligro para
   (a) sus caballos.
   (b) sus flechas.
   (c) su hija, doña Jimena.
   (d) su padre.

7. Cuando doña Jimena vio a los mensajeros, supo que
   (a) su padre estaba en peligro.
   (b) había una fiesta.
   (c) su padre había escapado.
   (d) don Pedro era un buen amigo.

8. Uno de los mensajeros le dio a doña Jimena
   (a) flores.
   (b) dinero.
   (c) un pergamino.
   (d) un vestido.

9. Doña Jimena leyó:
   (a) Su padre está contento.
   (b) Le pido su mano.
   (c) Salgo para África.
   (d) Estoy enfermo.

10. Doña Jimena le envió a don Pedro
   (a) su corazón.
   (b) un anillo.
   (c) una hoja seca.
   (d) su mano recién cortada.

B. Conteste con frases completas.

1. Durante las guerras de Reconquista, ¿a quién querían expulsar los españoles?

2. ¿Fue don Pedro un traidor?

3. ¿Fueron valientes doña Jimena y su padre?

4. ¿Quién tomó prisionero a don Artal?

5. ¿Cómo podían obtener su libertad los prisioneros?

6. ¿Quién le dio a doña Jimena un pergamino?

7. ¿Qué pedía don Pedro?

8. ¿Qué respondió doña Jimena?

9. ¿Quién envió un cofre a don Pedro?

10. ¿Qué había en el cofre?

C. Busque en la segunda columna las palabras que tengan el significado contrario a las de la primera columna.

1. más
2. abierto
3. lejos
4. vida
5. olvido
6. después
7. mar
8. amigos
9. paz
10. arriba

a. muerte
b. menos
c. antes
d. tierra
e. guerra
f. enemigos
g. cerca
h. cerrado
i. abajo
j. recuerdo

¿Qué es lo que se nos aparece una vez en un minuto, dos veces en un momento y nunca en un siglo?

(la letra *m*)

4 | Los amantes de Teruel

*L*a ciudad de Teruel, conocida hoy por su fina colección de torres e iglesias[1] de estilo mudéjar,[2] se encuentra[3] en Aragón, al este de Madrid, sobre la carretera[4] que va de Zaragoza a Valencia. Esta carretera fue una ruta importante durante la Edad Media.

La leyenda de los amantes es muy conocida y se relata[5] con frecuencia. Fue inmortalizada en la obra[6] romántica de Hartzenbusch, Los amantes de Teruel. Según la introducción de la misma obra por Brett, el origen y la autenticidad de la leyenda son muy disputados. Hay aquéllos, sin embargo,[7] que aseguran[8] que la tragedia tuvo lugar[9] en 1217, que los amantes vivieron en la calle de los Ricoshombres y que sus restos reposan[10] en la iglesia de San Pedro. Pero, en todo caso, la leyenda sigue viva aún[11] hoy.

---

[1]**iglesias** churches   [2]**estilo mudéjar** Mudejar style   [3]**se encuentra** is located
[4]**carretera** road   [5]**se relata** is told   [6]**obra** work   [7]**sin embargo** however   [8]**aseguran**
assure, state positively   [9]**tuvo lugar** took place   [10]**sus restos reposan** their remains rest
[11]**aún** still

En la ciudad de Teruel, provincia de Aragón, vivieron Diego Marcilla e Isabel de Segura. Desde niños[12] fueron muy amigos. Siempre jugaban y estaban juntos. Eran inseparables. Él era de familia pobre, pero ella pertenecía a[13] una familia principal de la comarca.[14] Al pasar los años,[15] la amistad se volvió en amor. Isabel era ya una linda señorita y Diego un galán[16] que soñaba con llegar a ser[17] un famoso soldado.

—Verás —le dijo a Isabel—, partiré[18] a la guerra con las tropas del rey. Pelearé con valor y trataré de ganar fama y riqueza.[19] Me marcharé con los otros soldados y tú me despedirás con el pañuelo de encaje[20] que te regalé.

Todo esto le dio mucho gusto a Isabel, pero el destino les había reservado algo inesperado. Una prima de Isabel, Elena, cuando visitaba a su prima, conoció a Diego y al instante se enamoró locamente de él.[21] Desde aquel momento Elena buscó cómo separar a Diego de Isabel para que ella pudiera casarse con él.

En la misma ciudad vivía un joven noble llamado Fernando de Gamboa. Elena le escribió una nota amorosa y firmó el nombre de Isabel. Fernando tenía pensado[22] salir de la ciudad; pero al recibir esta nota, decidió quedarse y corresponder, si fuera posible, el ánimo[23] de la nota. Durante varios días él rondó por[24] la casa de Isabel, pero Isabel nunca apareció.[25] Él pensaba que era tímida.

Mientras tanto, Fernando habló con los padres de Isabel informándoles que quería casarse con ella. Los padres, sabiendo que ella estaba en edad de casarse y a pesar del amor que ella tenía por Diego, pensaron que ella debía casarse con Fernando. Diego era pobre y Fernando era rico.

Debido a las notas que había recibido y suponiendo[26] que eran de Isabel, Fernando creyó que no tendría ninguna dificul-

---

[12]**Desde niños** Since childhood   [13]**pertenecía a** belonged to   [14]**comarca** region, area
[15]**Al pasar los años** As the years went by   [16]**galán** handsome man   [17]**soñaba...ser** dreamt of becoming   [18]**partiré** I shall depart   [19]**fama y riqueza** fame and wealth
[20]**pañuelo de encaje** lace handkerchief   [21]**se...él** fell madly in love with him
[22]**tenía pensado** had planned   [23]**ánimo** intention   [24]**rondó por** hovered around
[25]**apareció** showed up   [26]**suponiendo** supposing, assuming

tad con ella. Al hablar con los padres de Isabel, él les recordó que era de familia noble y de gran fortuna.

Diego también habló con los padres y les dijo:

—No soy rico ni noble, pero desde niño he visitado su casa y ustedes saben que yo amo a Isabel. Yo seré buen esposo para ella.

Los padres decidieron, sin embargo, que Fernando sería mejor esposo, ya que[27] era noble y rico. Diego, entristecido,[28] les rogó a los padres que esperaran hasta que él pudiera ganar buen nombre y fama de soldado antes de permitir el matrimonio con Fernando. Los padres le concedieron su petición[29] y dijeron que esperarían tres años y tres días. El padre dijo:

—Si tú vienes dentro del plazo de tiempo fijado[30] con honor y riquezas, o si eres famoso, Isabel será tuya. Pero no vamos a esperar ni una hora más de lo acordado.[31]

Diego aceptó esto con gusto[32] y le explicó todo a Isabel. Él estaba muy confiado de que podría lograr su propósito,[33] pero Isabel no estaba tan segura.[34]

Las guerras fueron muchas y variadas. A veces, con pocos soldados iban las tropas a peligrosas[35] expediciones.

Pelearon principalmente contra los moros y fue tan valiente Diego que ganó fama y fortuna. Además, le otorgaron un título de nobleza.[36] Ahora sabía que podía casarse con Isabel.

Elena, no obstante,[37] no renunció[38] a su intención de casarse con Diego. Ella fue al padre de Isabel y le dijo que había oído de buena fuente que Diego había muerto heroicamente en el campo de batalla. El padre luego fue y se lo dijo tristemente a Isabel. Isabel sospechaba que esto no era verdad. Se acordó de que Diego le había dicho que volvería antes del plazo fijado, y por eso le rogó[39] al padre que esperara hasta el último momento.

---

[27]**ya que** since, because   [28]**entristecido** saddened   [29]**le concedieron su petición** granted his wish   [30]**dentro...fijado** within the time given   [31]**acordado** what has been agreed
[32]**con gusto** gladly, with pleasure   [33]**lograr su propósito** achieve his goal   [34]**no...segura** wasn't so sure   [35]**peligrosas** dangerous   [36]**le...nobleza** granted him a nobility title
[37]**no obstante** nevertheless   [38]**renunció** renounced   [39]**rogó** begged, pleaded

Finalmente, se cumplió[40] el plazo. Don Diego no pudo llegar a tiempo e Isabel tuvo que casarse con Fernando.

Dos horas después del plazo, llegó Diego tan pronto como[41] pudo, cambiando caballos al galope. Pero llegó demasiado tarde. Subió al cuarto de Isabel y vio que estaba decorado para la boda. Se escondió debajo de la cama y esperó a los recién casados. Cuando éstos llegaron, Diego buscó la mano de Isabel. Ella inmediatamente reconoció[42] de quién era. Isabel luego le pidió a su nuevo esposo que fuera en busca de sales.[43] Cuando él salió del cuarto, Diego le preguntó por qué ella no había esperado. Ella dijo: —Yo esperé hasta el último momento. Pero ahora estoy casada delante de Dios y no puedo faltar a mi honor[44] yéndome[45] contigo ahora.

Diego insistió y sintió tanta tristeza de corazón que murió al instante.

Cuando Fernando volvió, Isabel le explicó lo que había pasado, jurándole que ella era inocente de todo. Fernando hizo los arreglos[46] necesarios para que el cuerpo de Diego fuera llevado al portal[47] de su propia casa, donde sus padres lo encontraron la mañana siguiente.

Mucha gente asistió[48] al funeral. Isabel estuvo también, vestida de negro. Se acercó al ataúd y le dio a Diego un beso apasionado.[49] Cuando Fernando vio lo que había pasado, fue a levantar a Isabel del ataúd; pero, al tratar de hacer esto, se dio cuenta de que ella también había muerto. Don Fernando luego dijo: —En vida no estuvieron unidos,[50] pero en la muerte sí estarán.

Y era verdad lo que dijo. Fueron sepultados[51] juntos con gran ceremonia y hasta la fecha[52] es conocida en toda España la leyenda de los amantes de Teruel.

---

[40]**se cumplió** expired   [41]**tan pronto como** as soon as   [42]**reconoció** recognized
[43]**sales** smelling salts   [44]**faltar a mi honor** tarnish my honor   [45]**yéndome** going away
[46]**arreglos** arrangements   [47]**portal** gate   [48]**asistió** attended   [49]**beso apasionado**
passionate kiss   [50]**unidos** together   [51]**sepultados** buried   [52]**hasta la fecha** to this day

EJERCICIOS

A. Termine las frases con las palabras apropiadas.

1. Diego e Isabel fueron amigos
   (a) hace dos años.
   (b) desde niños.
   (c) y nada más.
   (d) durante unos años.

2. Isabel pertenecía a
   (a) una familia principal.
   (b) un equipo de fútbol.
   (c) un partido político popular.
   (d) una familia pobre.

3. Diego pertenecía a
   (a) una familia rica.
   (b) una orden religiosa.
   (c) una familia pobre.
   (d) un grupo de rock.

4. Fernando de Gamboa era
   (a) un soldado.
   (b) un médico.
   (c) un joven noble.
   (d) un viejo noble.

5. Elena, la prima de Isabel,
   (a) quería a Diego.
   (b) se casó con Fernando.
   (c) nunca había estado en Teruel.
   (d) quería que Diego e Isabel se casaran.

6. Los padres de Isabel
   (a) le pusieron plazo a Diego.
   (b) estaban contentos con Diego porque era pobre.
   (c) no querían a Fernando.
   (d) no querían que Isabel se casara.

7. Diego ganó
   (a) mil dólares.
   (b) la mano de Isabel.
   (c) fama, fortuna y título de nobleza.
   (d) la lotería.

8. Elena mintió al decir que
   (a) Fernando había salido de Teruel.
   (b) Fernando ya no quería casarse con Isabel.
   (c) había oído de buena fuente que Diego había muerto.
   (d) Diego ya no se quería casar.

9. Diego
   (a) llegó a tiempo.
   (b) no llegó a tiempo.
   (c) murió en el camino.
   (d) nunca llegó.

10. Isabel
    (a) murió al dar al difunto un beso apasionado.
    (b) vivió muchos años casada con Fernando.
    (c) ya no quería a Diego.
    (d) se casó con don Diego.

B. Conteste con frases completas.

1. ¿Dónde vivían Diego e Isabel?
2. ¿Desde cuándo se conocían?

3. ¿Cómo se llamaba la prima de Isabel?

4. ¿Quién era Fernando de Gamboa?

5. ¿Por qué Elena no quería que Isabel se casara con Diego?

6. ¿Por qué se hizo soldado Diego?

7. ¿Por qué pensó Fernando que Isabel no le correspondía?

8. ¿Cuál fue el plazo de tiempo que pusieron para Diego?

9. ¿Qué querían los padres de Isabel que lograra Diego?

10. ¿Qué causó la muerte de Diego e Isabel?

C. **Use el verbo en su forma apropiada del presente, pretérito o imperfecto.**

1. La ciudad de Teruel _____ (ser) famosa por la leyenda de los amantes.

2. Diego _____ (hacerse) soldado para ganar fama y fortuna.

3. Elena le _____ (escribir) una nota de amor a Fernando.

4. Elena le _____ (decir) al padre de Isabel una mentira.

5. Diego _____ (pelear) en las guerras contra los moros.

6. Mucha gente _____ (asistir) al funeral.

7. Diego _____ (querer) llegar a tiempo.

8. Isabel le _____ (dar) a Diego un beso apasionado.

9. Isabel también _____ (morir).

10. Fernando _____ (decir) que en vida no _____ (estar) unidos.

Dicen que lo negro es triste,
Pero yo digo que no es verdad.
Porque tú tienes los ojos negros,
Y tú eres mi felicidad.

5 | El caballo de Aliatar

*S*e dice que todos los caballos que existen hoy en día[1] son descendientes de los caballos árabes. No hay duda de que[2] son muy nobles y fieles a sus dueños. Esta leyenda nos habla del caballo de Aliatar. Aliatar era un príncipe moro que vivía cerca de la ciudad de Córdoba. Su caballo se llamaba Leal.[3]

Una tarde, don Pedro de Gómez, estando en el parapeto[4] de su castillo, vio la figura de un hombre que corría rápidamente hacia él. Venía muy aprisa[5] y agitado y, al llegar al castillo, don Pedro le preguntó:

—¿Qué pasa? ¿Por qué tanta urgencia?

—Señor —dijo el hombre—, los labradores[6] han abandonado los campos[7] porque los moros nos han invadido.

—¡Los moros! —repitió don Pedro. Y sin avisar[8] a nadie en el castillo, fue al establo,[9] ensilló[10] su caballo y salió para uno de los campos más cercanos.[11]

---

[1]**hoy en día** nowadays [2]**No hay duda de** There's no doubt [3]**Leal** Loyal [4]**parapeto** parapet [5]**aprisa** hurriedly [6]**labradores** farmers [7]**campos** fields [8]**sin avisar** without notifying [9]**establo** stable [10]**ensilló** saddled [11]**más cercanos** nearest

Sin poner atención[12] al riesgo,[13] don Pedro pasó por un bosque no muy lejos del campo. Los moros lo esperaban escondidos[14] y al momento apropiado lo sorprendieron[15] y lo tomaron preso.[16] Estos soldados servían al gran príncipe Aliatar.

Cuando Aliatar fue avisado de que don Pedro estaba prisionero, vino en seguida a hablar con él.

—Don Pedro, don Pedro, ¿por qué se dejó[17] caer[18] en mis manos?

—Dígame el precio[19] de mi rescate, don Aliatar, y mis hijos se lo pagarán —respondió don Pedro.

—Prefiero su persona a su dinero[20] —contestó Aliatar con una sonrisa—. Ahora vamos a salir de este bosque porque pronto va a comenzar a llover. Primero, don Pedro, entregue[21] su espada[22] a uno de mis soldados.

Don Pedro obedeció[23] y todos se pusieron en camino. Comenzó a llover a cántaros[24] y el cielo se oscureció[25] totalmente. En medio de[26] la confusión, don Pedro y Aliatar se quedaron solos y detrás de los otros. Al instante, comprendió don Pedro que se le presentaba una ocasión favorable para salvarse.[27] En un momento inesperado,[28] tumbó[29] a Aliatar de su caballo y pronto le quitó sus armas.[30] El fiel Leal no salió del lado de su amo.[31] Montados[32] otra vez en el caballo, los dos dieron la vuelta y siguieron en dirección opuesta[33] para evadir a los soldados de Aliatar. Al salir del bosque, los hombres de don Pedro llegaron y los soldados moros que perseguían[34] a don Pedro y a Aliatar huyeron.[35]

—Ahora es usted mi prisionero —dijo don Pedro a Aliatar—. Y veo que usted se nos había escapado antes porque tenía tan buen caballo.

---

[12]**Sin poner atención** Without paying attention   [13]**riesgo** risk   [14]**escondidos** hidden   [15]**sorprendieron** surprised   [16]**lo tomaron preso** took him prisoner   [17]**por qué se dejó** why did you let yourself   [18]**caer** fall   [19]**precio** price   [20]**dinero** money   [21]**entregue** hand over, surrender   [22]**espada** sword   [23]**obedeció** obeyed   [24]**llover a cántaros** to rain heavily   [25]**se oscureció** darkened   [26]**En medio de** Amid   [27]**para salvarse** to save himself   [28]**inesperado** unexpected   [29]**tumbó** knocked off   [30]**armas** weapons   [31]**amo** master   [32]**Montados** Mounted   [33]**opuesta** opposite   [34]**perseguían** pursued   [35]**huyeron** fled

—Sí —comentó Aliatar, acariciando[36] su caballo y hablándole en voz baja[37] al oído—. No hay otro como[38] Leal.

Quedó muy impresionado don Pedro. Él sabía muy bien que los moros querían mucho a sus caballos; y Leal, el caballo de Aliatar, era de los mejores.

Don Pedro, en un momento de gran compasión, le dijo a Aliatar:

—Don Aliatar, usted y su caballo ya están libres.

Conmovido,[39] el gran moro quiso agradecerle[40] a don Pedro por su libertad.

—Gracias, mil gracias —dijo Aliatar y luego con un gesto de agradecimiento añadió:

—Ustedes me han tratado con gran respeto y afecto.[41] Y se acercó a don Pedro y lo abrazó. Los dos comenzaron a hablar como viejos amigos.

—Usted me ha vencido, y aunque estoy libre, me ha hecho su esclavo[42] —dijo Aliatar.

—¿Cómo? —preguntó don Pedro.

—Porque ahora es usted mi amigo.

—Sólo he hecho lo que usted merece,[43] Aliatar. Usted es uno de los más nobles de su raza.

—Le aseguro que mis soldados no volverán a invadir su tierra —dijo Aliatar.

Y al decir esto, Aliatar cogió la brida[44] de su fiel caballo, Leal, y se lo presentó a don Pedro.

—Se lo regalo a usted como recuerdo[45] de nuestra amistad.[46]

Don Pedro, conmovido, dijo:

—Y yo le ofrezco mi caballo a cambio.[47]

Aliatar luego montó el caballo de don Pedro e hizo a Leal la última caricia, exclamando:

—¡Que Alá los guarde! —y se marchó[48] al galope.

Leal permaneció[49] inmóvil, siguiendo con la mirada[50] triste a su amo. En vano[51] su nuevo amo lo acarició. Leal no quiso co-

---

[36]acariciando caressing, petting   [37]hablándole...baja whispering to him   [38]No hay otro como There's no one else like   [39]Conmovido Moved   [40]agradecerle thank him   [41]afecto affection   [42]esclavo slave   [43]merece deserve   [44]brida bridle   [45]recuerdo remembrance   [46]amistad friendship   [47]a cambio in exchange   [48]se marchó left   [49]permaneció remained   [50]mirada look   [51]En vano In vain

mer. No quiso entrar al establo. Quedó mirando el camino por donde su viejo amo había desaparecido.

Pasaron días. Leal se enfermó y murió. Dicen que murió de tristeza. Así[52] se puede ver que la lealtad[53] es una cualidad que no se limita sólo[54] a las buenas personas.

EJERCICIOS

A. Termine las frases con las palabras apropiadas.

1. Se dice que los caballos de hoy son descendientes de los caballos
   (a) de las Islas Baleares.
   (b) árabes.
   (c) del Nuevo Mundo.
   (d) de Francia.

2. Aliatar vivía cerca de
   (a) Córdoba.
   (b) Toledo.
   (c) las provincias vascongadas.
   (d) Mallorca.

3. Hubo una invasión de
   (a) mosquitos.
   (b) cuervos.
   (c) moros.
   (d) burros.

4. Sin avisar a nadie, don Pedro
   (a) fue al parapeto.
   (b) fue al establo.
   (c) acarició su caballo.
   (d) se bañó.

---

[52]**Así** Thus   [53]**lealtad** loyalty   [54]**sólo** only

5. Don Pedro pasó por
   (a) un bosque.
   (b) un jardín.
   (c) la cocina de su casa.
   (d) la catedral.

6. Pronto iba a comenzar a
   (a) llover a cántaros.
   (b) llover un poco.
   (c) hacer sol.
   (d) hacer viento.

7. Aliatar contestó a don Pedro
   (a) con una sonrisa.
   (b) llorando amargamente.
   (c) con una canción.
   (d) con la mano.

8. Aliatar quiso agradecer a don Pedro
   (a) el dinero.
   (b) su libertad.
   (c) los cerdos.
   (d) el cuervo.

9. Los dos comenzaron a hablar
   (a) como hermanos.
   (b) como piratas.
   (c) como viejos amigos.
   (d) como mujeres.

10. Leal no quiso entrar
    (a) en la cueva.
    (b) al establo.
    (c) en el lago.
    (d) en la casa.

B. Conteste con frases completas.

1. ¿Cómo se llamaba el caballo de Aliatar?
2. ¿Qué vio una tarde don Pedro de Gómez?
3. ¿Quiénes habían abandonado los campos? ¿Por qué?
4. ¿Quiénes estaban escondidos en el bosque?
5. ¿A quién servían los soldados moros?
6. ¿Quién tumbó a Aliatar de su caballo?
7. ¿Quiénes huyeron?
8. Ahora, ¿quién era el prisionero de don Pedro?
9. ¿Quiénes querían mucho a sus caballos?
10. ¿Qué le pasó a Leal?

C. Complete las frases con la palabra apropiada: *a, al, con, de, del, hacia, para, por, sin.*

1. Los caballos modernos son descendientes _____ los caballos árabes.
2. Esta leyenda tiene que ver _____ el caballo de Aliatar.
3. Aliatar vivía cerca _____ Córdoba.
4. Un hombre vino corriendo _____ él.
5. Don Pedro salió _____ uno _____ los campos.
6. Los moros avisaron _____ gran Aliatar.
7. _____ poner atención _____ riesgo, don Pedro pasó _____ el bosque.
8. Aliatar contestó _____ una sonrisa.
9. _____ decir esto, se marchó _____ galope.
10. Leal permaneció inmóvil, siguiendo _____ la mirada triste _____ su amo.

D. Cosas para hacer.

1. Nombre diez animales o insectos.

2. Nombre los estados de los Estados Unidos que tienen nombre español. (Hay diez.)

6 | La mujer guerrera

*A*ndalucía, situada al sur de la península, es la región más morisca[1] de España, así como[2] la fuente[3] de muchos cuentos fantásticos. Se dice que la combinación de elementos moriscos y la imaginación española ha producido las leyendas más interesantes de toda España. Y no son pocos los que afirman[4] que estos sucesos[5] sí han ocurrido[6] en la vida real. La verdad es a veces más fantástica que lo imaginado.[7]

Hace muchísimos años, vivía en Andalucía un conde[8] que no tenía hijo varón.[9] En cambio,[10] su esposa, la condesa, le había dado siete hijas.

El pobre conde estaba muy afligido[11] porque el rey acababa de declarar[12] una guerra contra los moros y había publicado este edicto:[13]

Cada noble tiene que contribuir al reino un hijo para la guerra contra los moros.

---

[1]**morisca** Moorish [2]**así como** as well as [3]**fuente** source [4]**afirman** state positively
[5]**sucesos** events [6]**sí han ocurrido** have indeed occurred [7]**lo imaginado** that imagined
[8]**conde** count [9]**varón** male [10]**En cambio** However [11]**afligido** distressed
[12]**acababa de declarar** had just declared [13]**edicto** edict, command

—No se preocupe,[14] padre —dijo Catalina, la más joven y la más bonita de sus hijas—. Yo me vestiré de hombre[15] y comandaré las tropas.

—Pero tus manos son muy blancas y delicadas para ser las de un guerrero —dijo el conde.

—Muy pronto el sol cambiará su color y estarán morenas.

—Notarán en tu forma que eres mujer, hija mía.

—Yo usaré la armadura de tal modo[16] que nadie lo notará.

Entonces el padre le dio un caballo, una armadura,[17] una lanza,[18] un casco,[19] un escudo[20] y unos guantes[21] de malla.[22]

El conde luego la presentó a las tropas como su sobrino,[23] don Martín de Aragón. En poco tiempo ella y las tropas salieron para la guerra.

Catalina era valiente y dura[24] en la batalla. Pero cuando se acostaba en su tienda[25] de noche, lloraba sin consuelo[26] por haber visto a tantos hombres heridos[27] y muertos.

Un día hubo una gran batalla. En la parte más difícil de la lucha,[28] vio Catalina a un caballero a la cabeza[29] de sus tropas, gritando:

—¡Santiago, cierra, Santiago![30] —Y se lanzaba[31] como un relámpago sobre un grupo de moros. Pero el caballero no había visto que detrás de él venía un batallón de moros. En aquel momento, Catalina y sus soldados fueron a su ayuda. Ella llegó junto al caballero a tiempo de verlo caer herido y lo recogió[32] en sus brazos.

Los soldados lo llevaron a su tienda. Catalina lo cuidó[33] con mucha atención. Afortunadamente las heridas del caballero no eran mortales y pronto recobró la salud.[34] Catalina descubrió que el capitán herido era el hijo del rey.

Pero el hijo del rey estaba turbado[35] por los ojos de Catalina

---

[14]**No se preocupe** Don't worry   [15]**me vestiré de hombre** I will dress myself as a man   [16]**de tal modo** in such a way   [17]**armadura** armor   [18]**lanza** lance, spear   [19]**casco** helmet   [20]**escudo** shield   [21]**guantes** gloves   [22]**malla** mail, mesh   [23]**sobrino** nephew   [24]**dura** hard, tough   [25]**tienda** tent   [26]**sin consuelo** inconsolably   [27]**heridos** wounded   [28]**lucha** fight   [29]**a la cabeza** at the head   [30]**Santiago...** a type of war cry   [31]**se lanzaba** threw himself   [32]**recogió** caught, picked up   [33]**cuidó** took care of   [34]**recobró la salud** recovered his strength   [35]**turbado** puzzled, disturbed

y sus suaves manos de mujer. Por eso, cuando se recuperó,[36] fue a hablar con su madre, la reina, y le dijo:

—Querida madre, estoy turbado porque me parece[37] que los ojos y las manos de don Martín no son de hombre, sino[38] de mujer.

—Debes invitar a don Martín a acompañarte a la feria.[39] Si es mujer, irá[40] a mirar los vestidos.

Pero, don Martín, siendo discreto, fue a mirar las armas; y, tomando en la mano un puñal,[41] dijo:

—¡Qué maravilloso puñal es éste para pelear contra los moros!

Luego el hijo del rey fue con su madre a contarle lo que había pasado.

—¿Cómo voy a hacer para probar[42] que don Martín es mujer?

—Yo sé lo que debes hacer. Puedes invitar a don Martín a bañarse[43] en el río con algunos de los soldados.

Cuando don Martín recibió la invitación, dijo que no podía aceptar. Su padre estaba muy enfermo y tenía que ir a su casa inmediatamente.

Don Martín recibió permiso del rey para volver a su casa para estar con su padre enfermo. Al despedirse, ella le dijo al rey:

—Adiós, buen Rey. Quiero confesar ahora que durante dos años le ha servido una mujer. Lo hice porque mi padre no tiene hijos. Y lo he hecho con mucho orgullo. ¡Que viva el Rey!

El hijo del rey oyó la conversación y, montando en su caballo, corrió tras[44] ella. Pero el caballo de don Martín llegó primero al palacio del conde.

El conde estaba muy contento. Sabía que, gracias a su hija, él había cumplido[45] con su deber.[46]

El príncipe, al llegar[47] a la puerta del castillo, llamó y preguntó por don Martín. Salió Catalina a recibirlo. Y él, dándose

---

[36]**se recuperó** recovered   [37]**me parece** it seems to me   [38]**sino** but   [39]**feria** fair
[40]**irá** will go   [41]**puñal** dagger   [42]**probar** prove   [43]**bañarse** to bathe   [44]**tras** after
[45]**cumplido** fulfilled   [46]**deber** duty   [47]**al llegar** upon arriving

cuenta de quién era, se enamoró de[48] ella instantáneamente. Y, dirigiéndose[49] al conde, le pidió la mano de su hija en matrimonio.

Se dice que esta pareja[50] vivió feliz por muchísimos años.

EJERCICIOS

A. Termine las frases con las palabras apropiadas.

1. El padre de la mujer guerrera tenía
   (a) dolor de cabeza.
   (b) un hijo.
   (c) siete hijas.
   (d) solamente una hija.

2. Catalina tenía
   (a) la nariz grande.
   (b) las manos blancas.
   (c) los pies pequeños.
   (d) los ojos amarillos.

3. Cuando se acostaba de noche, Catalina
   (a) leía novelas.
   (b) escribía cartas.
   (c) lloraba amargamente.
   (d) planeaba batallas.

4. En la batalla, Catalina
   (a) se durmió.
   (b) peleó valientemente.
   (c) se perdió.
   (d) cantó.

---

[48]**se enamoró de** fell in love with   [49]**dirigiéndose** going toward   [50]**pareja** couple

5. Los soldados llevaron al hijo del rey
   - (a) a la fiesta del conde.
   - (b) a las tiendas del enemigo.
   - (c) a la feria.
   - (d) a la tienda de don Martín.

6. Las heridas del caballero
   - (a) no eran mortales.
   - (b) cubrían su cuerpo.
   - (c) fueron vendadas por él mismo.
   - (d) eran mortales.

7. El hijo del rey sospechaba que
   - (a) don Martín era moro.
   - (b) don Martín tenía dos hermanas.
   - (c) don Martín estaba enfermo.
   - (d) don Martín era mujer.

8. Don Martín
   - (a) se bañó con los otros soldados.
   - (b) fue a la feria para mirar los vestidos.
   - (c) confesó al rey que era mujer.
   - (d) tenía muchos hermanos.

9. Catalina tenía que ir a su casa porque su padre
   - (a) estaba enfermo.
   - (b) quiso cazar.
   - (c) salió para el Nuevo Mundo.
   - (d) estaba llorando.

10. El caballo de Catalina
    - (a) llegó primero.
    - (b) no comió nada.
    - (c) se llamaba Leal.
    - (d) murió en el camino.

B. Ordene estas palabras y forme una frase completa.

1. la de España. región Andalucía es morisca más

2. ningún El tenía no varón conde hijo.

3. lo imaginado. la verdad A veces, es que fantástica más

4. Catalina tienda noche, se acostaba de Cuando su lloraba sin en consuelo.

5. atención. al cuidó Catalina mucha príncipe con

6. mujer. tenía suaves de manos Catalina.

7. pareja por feliz años. vivió muchísimos Esta

C. ¿Puede encontrar las cinco cosas que el padre de Catalina le dio a ella? (Las encontrará en línea horizontal, vertical y diagonal.)

```
C  L  I  T  B  E  J
A  A  N  E  O  S  O
S  N  B  S  M  C  R
C  Z  V  A  A  U  B
O  A  E  U  L  D  W
R  T  L  D  L  L  D
X  U  V  O  A  L  O
```

(caballo, casco, malla, escudo, lanza)

7 | La vieja del candelero

on Pedro I (1334–1369), hijo y sucesor de Alfonso XI, fue proclamado Rey de Castilla y León en el año 1350. El joven rey fue llamado el Cruel por sus enemigos,[1] pero fue conocido como el Justiciero[2] por sus amigos. Su reinado estuvo marcado por constantes guerras civiles.

Era una noche oscura[3] en Sevilla, ciudad del sur de España. No se oía ningún ruido en la calle angosta.[4] Todos los vecinos[5] dormían ya, sin duda, menos una viejecita[6] que vivía sola en una casita muy pobre.

De repente,[7] se oyó un choque[8] de espadas en la esquina de la calle. Poco después, una voz gritó en agonía:

—¡Válgame Dios![9] ¡Me muero!

La viejecita cogió el candelero[10] y fue a una ventana abierta de su cuarto. Con la débil[11] luz de la vela[12] pudo ver a un hom-

---

[1]**enemigos** enemies   [2]**Justiciero** Upholder of justice   [3]**oscura** dark   [4]**angosta** narrow
[5]**vecinos** neighbors   [6]**viejecita** little old woman   [7]**De repente** Suddenly   [8]**choque**
clash   [9]**Válgame Dios** Help me, God   [10]**candelero** candlestick   [11]**débil** weak
[12]**vela** candle

bre tendido sobre la calle empedrada.[13] Su cuerpo estaba bañado[14] en sangre. A su lado, estaba parado un hombre alto y fuerte que tenía una espada en la mano. La luz del candelero iluminó la cara del asesino.

En ese momento la viejecita decidió retirarse[15] de la ventana; pero, por esas cosas del azar,[16] el candelero se le cayó a la calle. La viejecita se escondió detrás de las cortinas de la ventana para escuchar. Pronto oyó las pisadas[17] del asesino y el ruido, que ya conocía bien, de las armas que sólo a ciertas personas se les permitía[18] usar.

Por ese ruido tan extraño, ella supo que el asesino era el caballero[19] que pasaba todas las noches a la misma hora debajo de su ventana. La viejecita lo había visto más de una vez y sabía quién era.

—¡Santo Dios! —exclamó ella.

Dentro de dos o tres horas pasó por allí una ronda[20] de vigilancia. Inmediatamente los guardias dieron al juez la noticia[21] de que se había cometido un crimen. También le dieron el candelero que habían encontrado cerca del cadáver.

Al día siguiente, el rey Don Pedro llamó al juez y le preguntó:

—Anoche se cometió un crimen en Sevilla, ¿no?

—Sí, Su Majestad. La ronda encontró a un hombre muerto de una estocada[22] y a su lado un candelero.

—¿Ha encontrado al asesino?

—Por desgracia, no tenemos ninguna pista[23] todavía. He estado trabajando muchas horas en el asunto.[24]

—¡Qué estúpido es usted! —exclamó el rey—. ¿Y no ha encontrado a ningún testigo?[25]

—Los vecinos próximos a la escena del crimen dicen que no saben absolutamente nada, ni han oído nada, ni nada pueden decir. No hay más testigo que un candelero y el candelero no habla.

---

[13]**calle empedrada** cobbled street   [14]**bañado** bathed, covered   [15]**retirarse** draw back
[16]**por…azar** as luck would have it   [17]**pisadas** footsteps   [18]**se les permitía** was permitted
[19]**caballero** knight   [20]**ronda** patrol   [21]**noticia** news   [22]**estocada** stab   [23]**pista** clue
[24]**asunto** matter   [25]**testigo** witness

—¡Pero, podrá hablar su dueño![26] Si esta noche no se sabe[27] quién es el dueño del candelero, mañana usted perderá la cabeza.

Una hora después, el juez y la ronda visitaron a toda la gente que vivía cerca del lugar del crimen en busca del dueño del candelero. Al fin, llamaron a la puerta[28] de la viejecita.

—¿Reconoce[29] usted este candelero? —preguntó el juez.

—Sí, es mío —dijo la viejecita asustada.[30]

—Entonces tendrá que ir al palacio con nosotros y hablar con el rey.

La llevaron a un salón grande del palacio del rey Don Pedro. En ese momento, entró una persona envuelta[31] en una capa[32] negra. La viejecita, que estaba de espaldas,[33] oyó sus pisadas y el ruido de sus armas y exclamó:

—Ése que entró fue el que mató al hombre cerca de mi casa.

Las palabras de la viejecita alarmaron a los oyentes.[34] Todos exclamaron:

—¿El rey? ¡No es posible!

—Sí, el rey —repitió Don Pedro—. La viejecita dice la verdad. Todas las noches me paseo[35] secretamente por las calles de Sevilla para observar si la ronda está obedeciendo mis órdenes.[36] Anoche,[37] cuando un borracho[38] trató de matarme, yo lo maté. Así fue como cometí el crimen.

—¡Viva el Rey![39] —gritó la gente en el salón.

—Como su rey sabe premiar[40] a quien le sirve bien, voy a dar a esta mujer una bolsa[41] con cien monedas de oro.

La viejecita creyó que estaba soñando mientras cogía el regalo.

Entonces continuó el rey:

—Como ustedes saben, los hombres no pueden castigar[42] al rey, sólo Dios lo puede hacer.

---

[26]**dueño** owner   [27]**no se sabe** it is not known   [28]**llamaron a la puerta** knocked on the door   [29]**Reconoce** Do you recognize   [30]**asustada** frightened   [31]**envuelta** wrapped   [32]**capa** cape   [33]**de espaldas** with back turned   [34]**oyentes** listeners   [35]**me paseo** I take a walk   [36]**órdenes** orders   [37]**Anoche** Last night   [38]**borracho** drunk   [39]**Viva el Rey** Long live the King   [40]**premiar** reward   [41]**bolsa** bag   [42]**castigar** punish

EJERCICIOS

A. Termine las frases con las palabras apropiadas.

1. El reinado de Don Pedro I estuvo marcado por
   - (a) la paz y la felicidad.
   - (b) el descubrimiento del Nuevo Mundo.
   - (c) constantes guerras.
   - (d) fiestas.

2. Todos los vecinos dormían, menos
   - (a) una viejecita.
   - (b) unos estudiantes.
   - (c) un arquitecto.
   - (d) los perros.

3. De pronto se oyó
   - (a) un choque de espaldas.
   - (b) un choque de espadas.
   - (c) el grito de un niño.
   - (d) la campana.

4. La viejecita pudo ver a un hombre
   - (a) con la débil luz del candelero.
   - (b) con la luz de la luna.
   - (c) con la luz de un incendio.
   - (d) con la luz del relámpago.

5. Se cayó el candelero cerca del
   - (a) cuervo.
   - (b) cadáver.
   - (c) zapato.
   - (d) árbol.

6. No hay más testigo que
   - (a) una cabeza.
   - (b) una araña.
   - (c) un candelero.
   - (d) un perro.

7. El juez y la ronda llamaron a la puerta
   - (a) del alcalde.
   - (b) de un moro.
   - (c) de la viejecita.
   - (d) de una condesa.

8. En ese momento entró
   - (a) una persona envuelta en una capa.
   - (b) un juez vestido de velas.
   - (c) un pintor.
   - (d) la reina.

9. El rey le dio a la viejecita
   - (a) cien monedas de oro.
   - (b) su candelero.
   - (c) una espada.
   - (d) un rosario.

10. Los hombres no pueden castigar al rey, sólo
    - (a) sus hijos lo pueden hacer.
    - (b) sus parientes lo castigan frecuentemente.
    - (c) otro rey lo puede castigar.
    - (d) Dios lo puede hacer.

B. Conteste con frases completas.

1. ¿Quién fue el sucesor de Alfonso XI?

2. ¿Hubo paz durante su reinado?

3. ¿En qué parte de España está Sevilla?

4. ¿Dónde vivía la viejecita?

5. ¿Qué oyó ella en la esquina de la calle?

6. ¿Qué se cayó a la calle?

7. ¿Quiénes visitaron a los vecinos del lugar?

8. ¿Adónde fue llevada la viejecita?

9. ¿Qué le regaló el rey a la viejecita?

10. ¿Quién puede castigar al rey?

C. Escriba la palabra que tenga el significado contrario a éstas.

1. amigos

2. rico

3. cerrada

4. joven

5. fuerte

6. ancho

7. norte

8. lejos

9. contestó

10. menos

11. salió

12. alto

13. blanca

14. mentira

15. pocos

D. Use el verbo en su forma apropiada del pretérito o del imperfecto.

1. En el año de 1350, Don Pedro _____ (ser) proclamado Rey de Castilla y León.

2. Todos los vecinos _____ (dormir) cuando _____ (oírse) el choque de espadas.

3. Una hora después, el juez _____ (ir) a visitar a toda la gente.

4. —Sí, el rey —_____ (repetir) Don Pedro.

5. La candela _____ (caerse) a la calle.

6. El rey _____ (dar) cien monedas de oro a la viejecita.

7. El cuerpo del muerto _____ (estar) bañado en sangre.

Cuando yo tenía dinero
Me llamaban don Tomás.
Y ahora que no lo tengo
Me llaman Tomás nomás.

8 | El puente de San Martín en Toledo

*T*oledo, situado[1] a orillas del[2] Río Tajo, fue hace muchos años capital de España. Ahora es la capital de la provincia de Toledo. En tiempos pasados, vivieron allí pacíficamente gentes de diferentes culturas: cristianos, moros y judíos.[3] Pero Toledo es también conocido por un famoso pintor de origen griego[4] que adoptó la ciudad como suya: El Greco. Este artista, nacido en Creta en 1544, pasó sus últimos años en Toledo, donde murió en 1614. Uno de sus cuadros[5] más conocidos es el* Toledo, *donde pinta a su querida ciudad en una noche oscura y lluviosa.*

Hace ya muchísimos años,[6] el alcalde de Toledo quiso reconstruir el puente[7] principal de la ciudad. Despachó[8] mensajeros en busca del[9] mejor arquitecto de aquel tiempo y cuando lo encontró, le explicó que quería construir el mejor puente de Es-

---

[1]**situado** located   [2]**a orillas del** on the shores of   [3]**judíos** Jews   [4]**griego** Greek
[5]**cuadros** paintings   [6]**Hace...años** Many, many years ago   [7]**puente** bridge
[8]**Despachó** He sent   [9]**en busca del** in search of

paña. El arquitecto tomó muy en serio[10] su trabajo y tardó[11] mucho tiempo en preparar el plano y en buscar los mejores trabajadores.

Finalmente, se pusieron a trabajar en la construcción del puente. Todos los habitantes de Toledo estaban contentos y satisfechos[12] del puente que se construía:[13] un puente fuerte y hermoso.[14] Esperaban ansiosamente la terminación del trabajo. Al fin, el arquitecto y los trabajadores habían terminado el gran arco y se preparaban para quitar la cimbra[15] que lo sostenía.[16]

Pero esa noche, el arquitecto no pudo dormir.

—¿Qué te pasa? —le preguntó su esposa.

—No es nada, querida, duérmete —contestó el arquitecto. Pero sí había algo. Esa tarde, al examinar la cimbra, se dio cuenta de que había cometido un gran error. Al quitar la cimbra, él estaba seguro de que iba a caer todo el puente.

—Yo sé que algo te pasa[17] —insistió su esposa—. ¿Qué es?

—Querida mía, no sé qué hacer. He cometido un grave error[18] en los cálculos del puente. Sé que se va a caer al quitar la cimbra. ¿Qué me aconsejas?[19]

—Debes hablar con el alcalde —dijo la esposa— y explicarle todo.

—Pero no puedo. He hecho algo terrible. Él no comprenderá. Me echará a la cárcel.[20]

—Es lo único[21] que puedes hacer.

Cuando apareció la luz del día, el cielo se estaba nublando.[22] El arquitecto salió de la casa para ir a hablar con el alcalde. Comenzó a relampaguear[23] y a tronar.[24] Al llegar a la casa del alcalde, llamó a la puerta. Salió el alcalde y en ese momento se vio un relámpago terrible en el cielo, seguido por las luces[25] de un gran incendio.[26] Entonces oyeron a la gente gritar:

—¡El puente se enciende![27]

---

[10]**muy en serio** very seriously [11]**tardó** took, lasted [12]**satisfechos** satisfied
[13]**se construía** was being built [14]**hermoso** beautiful [15]**cimbra** wooden frame for supporting an arch [16]**sostenía** supported [17]**algo te pasa** something is wrong with you
[18]**cometido...error** made a serious mistake [19]**aconsejas** advise [20]**Me echará...cárcel.** He will throw me in jail. [21]**lo único** the only thing [22]**nublando** becoming overcast
[23]**relampaguear** to emit flashes of lightning [24]**tronar** to thunder [25]**luces** lights
[26]**incendio** fire [27]**se enciende** is burning

Y en realidad, el puente se quemaba; el relámpago lo había incendiado.

El alcalde y el arquitecto salieron corriendo hacia el puente. Al llegar y ver la situación, el arquitecto sintió[28] a un mismo tiempo[29] dos emociones: tristeza y gratitud. Sintió tristeza porque todo su trabajo estaba perdido y sintió gratitud porque no tendría que dar explicación de su error.

A mediodía, el puente quedó en ruinas. No quedó ni[30] una sola piedra sobre otra. Pero el arquitecto no pudo callarse. Tenía que confesar su error al alcalde.

—Señor alcalde, yo tengo la culpa de todo.

Pero el alcalde no quería creerlo y no le dejaba continuar. Sólo seguía repitiendo:

—Fue el relámpago. Tendremos que reconstruir el puente otra vez.

El arquitecto acompañó al alcalde a su casa intentando explicarle su error con el puente. Al fin, el alcalde, algo molesto,[31] le preguntó:

—¿Qué me quiere decir? ¿Por qué insiste tanto?

El arquitecto le explicó todo y esperó la contestación del alcalde.

—Increíble, increíble —repetía el alcalde sorprendido, pero a la vez impresionado por la honradez[32] del arquitecto—. Lo que pasó, pasó —dijo al fin—. Ahora usted empezará de nuevo[33] a construir otro.

Después de expresarle al alcalde su gratitud, el arquitecto corrió a su casa y, abrazando a su esposa, le dijo:

—El nuevo puente será monumento a la buena voluntad[34] del alcalde y a la misericordia del cielo.[35]

---

[28]**sintió** felt   [29]**a...tiempo** at the same time   [30]**ni** not even   [31]**molesto** annoyed
[32]**honradez** honesty   [33]**de nuevo** again   [34]**buena voluntad** good will   [35]**misericordia del cielo** mercy of heaven

Ejercicios

A. Termine las frases con las palabras apropiadas.

1. Toledo está situado
   (a) cerca del Río Tajo.
   (b) a orillas del Río Tajo.
   (c) en las montañas altas.
   (d) sobre el Río Guadalquivir.

2. Toledo fue adoptado por un pintor llamado
   (a) El Greco.
   (b) Murillo.
   (c) Velázquez.
   (d) Goya.

3. El alcalde de Toledo buscaba
   (a) un criado.
   (b) a su yerno.
   (c) a su esposa.
   (d) un arquitecto.

4. El alcalde quiso reconstruir
   (a) una capilla.
   (b) una catedral.
   (c) un puente.
   (d) la gruta.

5. El alcalde despachó
   (a) marineros.
   (b) descendientes de los íberos.
   (c) relámpagos.
   (d) mensajeros.

6. El arquitecto tardó mucho tiempo en
   (a) visitar otros puentes.
   (b) preparar el plano.
   (c) viajar a Granada.
   (d) hablar con el alcalde.

7. El arquitecto salió para hablar con
   (a) el alcalde.
   (b) el cura.
   (c) sus padres.
   (d) un médico.

8. Se vieron en el cielo las luces de
   (a) la luna.
   (b) un gran incendio.
   (c) un lago inmenso.
   (d) la cárcel.

9. El relámpago había incendiado
   (a) el puente.
   (b) la casa del alcalde.
   (c) la iglesia.
   (d) un establo.

10. —Increíble —repetía el alcalde
    (a) con alegría.
    (b) con tristeza.
    (c) sorprendido.
    (d) lentamente.

B. Conteste con frases completas.

1. ¿Qué fue Toledo hace muchos siglos?
2. ¿Quién vivió en Toledo en tiempos pasados?
3. ¿Qué quiso reconstruir el alcalde?
4. ¿Quién buscó los mejores trabajadores?

5. ¿Quién no pudo dormir una noche?

6. ¿De qué se dio cuenta el arquitecto?

7. ¿Cuándo se iba a caer el puente?

8. ¿Cuándo salió el arquitecto de su casa?

9. ¿Quién tenía que confesar su error?

10. ¿Quién iba a construir otro puente?

C. Use el verbo en su forma apropiada del presente, pretérito o imperfecto.

1. _____ (hacer) muchos siglos, Toledo _____ (ser) capital de España.

2. El Greco _____ (pasar) los últimos años de su vida en Toledo donde _____ (morir) en 1614.

3. El alcalde _____ (querer) reconstruir el puente.

4. El arquitecto y los trabajadores _____ (haber) terminado el arco y se _____ (preparar) para quitar la cimbra que lo _____ (sostener).

5. Yo _____ (saber) que algo te _____ (pasar).

6. El arquitecto lo _____ (explicar) todo y _____ (esperar) la contestación del alcalde.

7. El alcalde no _____ (querer) creerlo.

D. Cosas para hacer.

1. Dibuje un mapa de España e indique quince ciudades importantes.

2. Para discutir:

    (a) Cuando usted se equivoca, ¿lo admite o se queda callado?

    (b) Si usted fuera el arquitecto, ¿lo confesaría todo al alcalde? ¿Por qué o por qué no?

El sol

Para los hombres, para la flor
el sol es vida, luz y calor.
Y el mundo canta con alegría
cuando él se asoma, trayendo el día.

9 | Las rosas de Casilda

E *n España hubo reyes moros que fueron muy crueles con los cristianos de la península. A muchos los encerraban[1] en sus prisiones: a veces los maltrataban[2] y hasta los torturaban. En cambio,[3] hubo otros reyes moros muy tolerantes y comprensivos[4] que dejaban a los cristianos vivir en paz en tierras moras. La leyenda que sigue nos cuenta acerca de[5] Zenón, uno de los reyes más crueles que ha visto Valencia.*

Zenón, rey moro de Valencia, tenía una hija con todas las virtudes[6] de que carecía[7] su padre. Él era avaro,[8] cruel y feroz,[9] mientras que[10] su hija era generosa, amable y compasiva.[11]

La princesa se llamaba Casilda. Era una de las mujeres más bellas de España. Su padre la amaba tiernamente[12] y trataba de complacerla[13] en todos sus caprichos.[14]

Pues sucedió[15] que la princesa, aunque tenía sus habitaciones[16] en la torre[17] más alta del castillo, llegó a oír[18] por las

---

[1]**encerraban** locked up   [2]**maltrataban** mistreated   [3]**En cambio** On the other hand
[4]**comprensivos** understanding   [5]**nos...acerca de** tells us of   [6]**virtudes** virtues   [7]**carecía**
lacked   [8]**avaro** stingy   [9]**feroz** ferocious   [10]**mientras que** while   [11]**amable y**
compasiva kind and compassionate   [12]**tiernamente** tenderly   [13]**complacerla** please her
[14]**caprichos** whims   [15]**sucedió** it happened   [16]**habitaciones** living quarters
[17]**torre** tower   [18]**llegó a oír** happened to hear

noches el eco de los gritos[19] y lamentos de los cristianos que sufrían[20] en las prisiones del castillo. Entonces, ella le preguntó a su padre:

—Papá, ¿de dónde vienen tantos gritos y lamentos?

Pero su padre no quiso responder.

Ella también preguntó a sus criadas, pero ellas, con una expresión de horror, se llevaron[21] un dedo a los labios.[22]

—No preguntes más, princesita —dijeron ellas.

Casilda no preguntó más, pero día y noche tenía sólo un deseo:[23] el deseo de descubrir el secreto de esos gritos de sufrimiento.[24]

Cuando fue de noche, se levantó de la cama silenciosamente[25] y bajó la gran escalera[26] hacia[27] donde venían los lamentos. Dos soldados moros estaban delante de una puerta de la prisión. La princesa sacó[28] dos monedas[29] de oro y dio una a cada uno y dijo:

—Alá[30] y paso franco,[31] que soy la princesa Casilda.

Los soldados aceptaron las monedas y abrieron la puerta. Ella entró. Pero quedó horrorizada al ver a tanta gente —hombres, mujeres y niños— medio desnudos y hambrientos,[32] unos enfermos, otros moribundos.[33] Entonces Casilda comprendió[34] que por su religión estaban en las prisiones. Salió corriendo a su cuarto y lloró toda la noche.

A la mañana siguiente[35] fue a hablar con su padre.

—Padre mío, ahora sé de dónde salen esos gritos y lamentos que oigo todas las noches. Si usted me quiere, ¿por qué no suelta[36] a los cristianos?

—¡Cállate![37] ¡Sal[38] de aquí! ¡No digas más[39] o morirás!

La princesa no pudo creer las palabras de su padre. Llorando desconsoladamente, llegó a su cuarto y decidió ayudar a los cristianos.

---

[19]**gritos** screams   [20]**sufrían** were suffering   [21]**se llevaron** they put   [22]**labios** lips
[23]**deseo** desire, wish   [24]**sufrimiento** suffering   [25]**silenciosamente** quietly   [26]**escalera** stairway   [27]**hacia** toward   [28]**sacó** took out   [29]**monedas** coins   [30]**Alá** Allah
[31]**paso franco** free passage, let me through   [32]**medio...hambrientos** half-naked and hungry   [33]**moribundos** dying   [34]**comprendió** understood   [35]**siguiente** following
[36]**por...suelta** why don't you free   [37]**Cállate** Be quiet   [38]**Sal** Get out   [39]**No digas más** Say no more

Desde aquel día llevaba dentro de su delantal[40] abundante comida para los prisioneros y monedas para los soldados moros.

Una mañana, cuando iba Casilda a la prisión con su delantal lleno[41] de comida, encontró al rey, su padre.

—Buenos días, hija. ¿Adónde vas tan temprano[42] y con tanta prisa? —dijo el rey, tratando de esconder el desdén[43] que sintió[44] por Casilda.

—Papá —contestó la hija—, usted siempre me ha dicho que los jardines[45] son más bellos por la mañana y hoy fui a verlos.

—Y el aire de la mañana ha puesto[46] las más bellas rosas en tu cara —dijo el rey.

Iba la princesa a continuar su camino cuando el rey notó el gran bulto[47] que llevaba Casilda en su delantal.

—¿Qué llevas ahí dentro de tu delantal? ¿Es algo para los prisioneros? ¡Responde!

Y la princesa, sin vacilar[48] un momento, esperando la ira[49] de su padre, volteó y abrió el delantal. Un ramillete[50] de rosas blancas y amarillas cayó al suelo. El rey, viendo la cara de sorpresa[51] de su hija, se dio cuenta del milagro.[52] Abrazó a su hija y le dijo llorando:

—Hoy mismo daré libertad a todos los prisioneros y voy a firmar[53] un tratado de paz[54] con los cristianos.

EJERCICIOS

A. Termine las frases con las palabras apropiadas.

1. En España, hubo reyes moros que fueron muy crueles con
   (a) los animales.
   (b) los cristianos.
   (c) los alemanes.
   (d) los moros.

---

[40]**delantal** apron   [41]**lleno** full   [42]**temprano** early   [43]**desdén** disdain, contempt   [44]**sintió** felt   [45]**jardines** gardens   [46]**ha puesto** has put   [47]**bulto** bundle   [48]**sin vacilar** without hesitating   [49]**ira** anger   [50]**ramillete** bunch   [51]**cara de sorpresa** surprised look   [52]**milagro** miracle   [53]**firmar** sign   [54]**tratado de paz** peace treaty

2. Esta leyenda nos cuenta acerca de
   (a) uno de los reyes más crueles.
   (b) un estudiante pobre.
   (c) una princesa cruel.
   (d) un jardín de violetas.

3. La princesa era
   (a) avara.
   (b) compasiva.
   (c) feroz.
   (d) prisionera cristiana.

4. Por las noches, Casilda oía
   (a) los gritos de los cristianos.
   (b) el viento.
   (c) una música divina.
   (d) las campanas.

5. La princesa bajó
   (a) una montaña.
   (b) de un árbol.
   (c) una escalera.
   (d) de un caballo.

6. Casilda dio a los soldados
   (a) monedas de oro.
   (b) comida.
   (c) fruta.
   (d) una rosa.

7. Los soldados
   (a) cantaron una canción.
   (b) cerraron las ventanas.
   (c) abrieron la puerta.
   (d) se durmieron.

8. La princesa llevaba la comida en
   (a) su delantal.
   (b) las manos.
   (c) su sombrero.
   (d) la boca.

9. —Los jardines son más bellos
   (a) durante la lluvia.
   (b) por la tarde.
   (c) por la mañana.
   (d) al mediodía.

10. Del delantal de Casilda cayeron
    (a) libros.
    (b) joyas.
    (c) rosas.
    (d) torres.

B. Conteste con frases completas.

1. ¿Quién era bella y amable?

2. ¿Dónde tenía la princesa sus habitaciones?

3. ¿Dónde estaban los cristianos?

4. ¿Quiénes dijeron: "No pregunte más"?

5. ¿Cuál era el único deseo de Casilda?

6. ¿Dónde estaban los dos soldados?

7. ¿Por qué gritaron los prisioneros?

8. ¿Qué decidió hacer Casilda?

9. ¿Quién sintió desdén por Casilda?

10. ¿Cuál fue el milagro?

C. ¿Cuál es el infinitivo de estos verbos?

1. viendo
2. cayó
3. dijo
4. abrazó
5. llevaba
6. llorando
7. iba
8. sintió
9. estuvieron
10. dio
11. abrieron
12. soy
13. había
14. era
15. vas

D. ¿Indican estas palabras una persona, una cosa o un lugar?

1. soldado
2. indio
3. castillo
4. anillo
5. hija
6. delantal
7. torre
8. artista
9. jardín
10. convento
11. sobrina
12. zapatero
13. museo
14. caminante
15. rey

La capa del estudiante
parece un jardín de flores,
toda llena de remiendos
de diferentes colores.

10 | El cajón misterioso

El Madrid de hoy es una ciudad moderna y cosmopolita[1] con una rica[2] historia y tradición. Sus calles tienen tantas cosas fascinantes[3] que

contar. Una de estas calles es la calle de Santa Isabel, donde una vez[4] vivió una dama de extraordinaria belleza[5] llamada Prudencia Grilo. En esta misma[6] calle había también un convento. Doña Prudencia, que había sido muy coqueta[7] y había tenido muchísimos pretendientes,[8] llegó a ser[9] Madre Superiora de este convento. Esta leyenda narra[10] lo que ocurrió con ella y el pretendiente de quien se enamoró y con quien quiso[11] casarse.

Aunque doña Prudencia coqueteaba[12] con todos sus pretendientes, al fin se enamoró de un teniente andaluz[13] bastante guapo[14] y los dos decidieron casarse. Ella no se daba cuenta de

---

[1]**cosmopolita** cosmopolitan   [2]**rica** rich   [3]**fascinantes** fascinating   [4]**una vez** once
[5]**de extraordinaria belleza** of extraordinary beauty   [6]**misma** same   [7]**coqueta** flirtatious
[8]**pretendientes** suitors   [9]**llegó a ser** became   [10]**narra** narrates   [11]**quiso** wanted
[12]**coqueteaba** flirted   [13]**teniente andaluz** Andalusian lieutenant   [14]**guapo** handsome

lo que significaba[15] ser esposa de un soldado y vivía en un mundo romántico e idílico.[16] Todo esto ocurrió en el siglo XVI, pero bien podría haber sucedido[17] en nuestros tiempos.

Doña Prudencia quedó muy sorprendida[18] cuando su novio[19] vino a anunciarle[20] que tendrían[21] que posponer[22] la boda porque él tenía que ir a la guerra contra Inglaterra. Como era soldado, no podía rechazar[23] la oportunidad de servir a España. Así también podía ganar gloria y fama para brindarles[24] a su rey y a su futura esposa.

Sumamente[25] triste y creyendo que todo no era más que una horrible pesadilla,[26] ella sabía que nada podía hacer sino esperar. Todavía en ese estado emocional, los dos se besaron,[27] pensando en la boda que vendría[28] después de la guerra.

—¿Cómo sabré de ti,[29] cómo te va y cuándo regresarás?[30] —preguntó Prudencia.

—Una carta[31] no te llegará nunca, ya que estaremos en guerra. Pero te diré cómo sabrás de mí. Si no recibes ningún mensaje,[32] sabrás que estoy bien. Si no, ese escritorio que está al lado de tu dormitorio te dará la señal.[33]

—¿Pero cómo? No entiendo... —dijo ella.

—En caso de que me toque morir,[34] uno de los cajones[35] se abrirá por sí mismo.[36]

—¡Qué señal más extraña![37] No quiero ni pensar en eso.

—Pero así será —contestó.

Se abrazaron[38] y se besaron y otra vez pensaron en lo feliz que serían cuando terminara la guerra, ya juntos y casados. Tristemente, se despidieron: él pensando en ganar gloria para España y ella en cuán[39] tristes eran las despedidas. Martín Ávila, el novio, fingió valentía[40] porque no quería que ella se diera cuenta de que él también lamentaba el hecho[41] de tener que ir

---

[15]**significaba** meant   [16]**idílico** idyllic   [17]**sucedido** happened   [18]**sorprendida** surprised   [19]**novio** fiancé   [20]**anunciarle** announce to her   [21]**tendrían** would have   [22]**posponer** postpone   [23]**rechazar** refuse   [24]**brindarles** bestow on (them)   [25]**Sumamente** Deeply   [26]**pesadilla** nightmare   [27]**se besaron** they kissed   [28]**vendría** would come   [29]**¿Cómo sabré de ti?** How will I get news of you?   [30]**regresarás** will you return   [31]**carta** letter   [32]**mensaje** message   [33]**señal** signal, sign   [34]**En...morir** Should it be my turn to die   [35]**cajones** drawers   [36]**por sí mismo** by itself   [37]**extraña** strange   [38]**Se abrazaron** They embraced   [39]**cuán** how   [40]**fingió valentía** pretended to be brave   [41]**lamentaba el hecho** lamented the fact

a la guerra. Él sabía que existía la posibilidad de que no volviera.

Días después salió del puerto[42] rumbo a[43] Inglaterra la flota[44] conocida como La Armada Invencible.

Prudencia, sin olvidar nunca a su querido Martín, contaba los días, siempre pensando en él y en el peligro de la guerra. Pasaron semanas y no recibió ningún mensaje.[45] Comenzó a sentirse feliz, porque sabía que eso indicaba que todo andaba bien. Pero un día, estando en la cama, oyó un ruido que venía del cuarto de al lado.[46] Se levantó y fue a ver lo que causaba ese ruido. Horrorizada, vio que era el escritorio. Uno de los cajones se abría solo. Prudencia, entonces, muy turbada[47] y sintiendo que se moría, sabía lo que el cajón le indicaba: Martín estaba muerto.

Desconsolada,[48] no podía sino pensar en Martín y lo noble que fueron sus intenciones y el gran sacrificio que hizo. También pensaba en lo feliz que podían haber sido, casados y juntos por el resto de sus vidas. Nunca iba a recuperarse[49] de la muerte de Martín.

Ahora que quedaba sola, no había nada que Prudencia pudiera hacer sino pensar en su propio futuro. Finalmente, decidió hacerse monja[50] y entró en el convento de la calle de Santa Isabel, donde con el tiempo llegó a ser Madre Superiora.

Se dice que en la capilla[51] del convento, Prudencia, la nueva Madre Superiora, mandó colocar un ataúd[52] vacío en memoria de la muerte de Martín y de lo que pudo haber sido[53] para los dos.

---

[42]**puerto** port   [43]**rumbo a** bound for   [44]**flota** fleet   [45]**ningún mensaje** no message   [46]**cuarto...lado** room next door   [47]**turbada** upset   [48]**Desconsolada** Inconsolable   [49]**recuperarse** recover   [50]**hacerse monja** to become a nun   [51]**capilla** chapel   [52]**mandó...ataúd** ordered that a coffin be placed   [53]**lo...sido** what could have been

EJERCICIOS

A. Termine las frases con las palabras apropiadas.

1. La casa de esta leyenda está en
   (a) la Calle de Santa Isabel.
   (b) el convento.
   (c) el sur de España.
   (d) Inglaterra.

2. Doña Prudencia
   (a) estaba casada.
   (b) era estudiante universitaria.
   (c) estaba soltera.
   (d) no tenía pretendientes.

3. Doña Prudencia
   (a) era muy tímida.
   (b) era coqueta.
   (c) nunca se enamoró.
   (d) vivía con su esposo.

4. Martín Ávila, el teniente,
   (a) no sabía cortejar a las mujeres.
   (b) era anciano y feo.
   (c) se casó con Prudencia.
   (d) se enamoró de Prudencia.

5. Martín tuvo que marcharse porque
   (a) Prudencia no lo amaba.
   (b) a los padres de Prudencia no les cayó bien Martín.
   (c) el rey lo encarceló injustamente.
   (d) tenía que ir a pelear contra Inglaterra.

6. Estando ausentes, decidieron
   (a) escribirse a menudo.
   (b) usar mensajeros para comunicarse.
   (c) enviar mensajes con los parientes.
   (d) no comunicarse.

7. Si no se recibía ningún mensaje, esto quería decir que
   (a) todo andaba bien.
   (b) Martín estaba enfermo.
   (c) Martín estaba muerto.
   (d) Prudencia estaba muerta.

8. Una mañana, estando en la cama, oyó algo misterioso del cuarto de al lado y
   (a) volvió a dormirse.
   (b) se levantó para investigar.
   (c) no podía moverse.
   (d) se quedó en su cama.

9. Ella se levantó y fue al otro cuarto y
   (a) vio al gato.
   (b) no vio nada.
   (c) notó que un cajón se abría.
   (d) no vio el escritorio.

10. El misterioso abrirse del cajón
    (a) fue causado por ratones.
    (b) fue muy cómico para Prudencia.
    (c) fue la señal de que Martín había muerto.
    (d) fue debido a una mala cerradura.

B.   Conteste con frases completas.

1. ¿En qué calle vivía Prudencia?

2. ¿Cuántos pretendientes tenía Prudencia?

3. ¿Con quién decidió casarse Prudencia?

4. ¿Adónde fue La Armada Invencible?

5. ¿Qué quería decir el no recibir mensajes?

6. ¿Cómo se daría cuenta de que algo andaba mal?

7. ¿Cómo pasó Prudencia el resto de su vida?

8. ¿Dónde estaba el convento?

9. ¿Qué llegó a ser Prudencia en su convento?

10. ¿Qué mandó colocar en la capilla del convento?

C. Busque en la segunda columna las palabras que tengan el significado contrario a las de la primera columna.

1.	entrar	a.	odio
2.	muerte	b.	cobarde
3.	coqueta	c.	susurrar
4.	amor	d.	vivo
5.	guerra	e.	mujer
6.	valiente	f.	salir
7.	difícil	g.	vida
8.	gritar	h.	tímida
9.	muerto	i.	paz
10.	hombre	j.	fácil

11 | El estudiante de Salamanca

*L*a Universidad de Salamanca, fundada hacia[1] 1220 por el Rey Alfonso IX, conoció en el siglo XVI un período de gran esplendor. Durante estos años, más de diez mil alumnos[2] venidos de[3] España y de países extranjeros estudiaron en esta universidad.

Esta prestigiosa institución ofrecía[4] una gran variedad de cursos: medicina, leyes,[5] música, astronomía, filosofía y religión. Incluso[6] Cristóbal Colón fue en una ocasión a la universidad para hablar con los profesores acerca del[7] viaje[8] que quería hacer para descubrir una ruta directa a la India. En la universidad, había muchos estudiantes pobres como el joven de esta leyenda.

En muchos de los países de habla hispana,[9] los niños no reciben regalos en la Navidad sino el seis de enero: Día de Reyes.[10] La noche previa, antes de acostarse, ellos ponen sus zapatitos en la

---

[1]**hacia** around [2]**alumnos** students [3]**venidos de** coming from [4]**ofrecía** offered
[5]**leyes** law [6]**Incluso** Even [7]**acerca del** about [8]**viaje** voyage [9]**países...hispana**
Spanish-speaking countries [10]**Día de Reyes** Feast of the Three Wise Men

puerta, en el balcón o en una ventana abierta. En el silencio de la noche vienen los tres Reyes Magos[11] y llenan[12] los zapatitos de juguetes[13] y dulces.[14] Se dice que son los mismos reyes que trajeron regalos al Niño Jesús en Belén.[15]

Un día de diciembre en que llovía a cántaros, un pobre estudiante vestido en harapos,[16] entró en la tienda[17] de un zapatero[18] en Salamanca y le dijo:

—Muy buenos días, señor. Mire usted estos zapatos. Son los únicos que tiene mi hermanito. ¡Qué mal están! ¿Puede usted hacerle otros nuevos?

—Sí, señor, es mi trabajo. ¿Cuántos años tiene el chico?[19]

—Tiene cinco años y cree que va a recibir zapatos nuevos de los Reyes Magos. Por eso, los necesito para antes del seis de enero.

—Muy bien. Vuelva[20] usted en cuatro días y los zapatitos estarán listos.[21]

Pasados los cuatro días, el estudiante regresó. Al recibir los zapatos tan bonitos, exclamó:

—¡Ay, qué trabajo tan excelente! ¿Cuánto le debo a usted?

—Nada, absolutamente nada —respondió el zapatero—. Es un regalito para su hermano.

—Mil gracias, señor. Usted es siempre tan amable con mi familia. Somos pobres; pero, cuando yo sea[22] Arzobispo[23] de Toledo, voy a poder darle un generoso regalo.

—Está bien —replicó[24] el zapatero, con una sonrisa—. Creo que tendré que esperar un largo tiempo. Pero, vuelva usted a visitarme si puedo servirle[25] en algo.

Pasaron los años y el zapatero, ya muy anciano, no podía trabajar y vivía en la pobreza.[26]

Un día, se presentó en la zapatería un cura[27] que le pidió al viejecito que lo acompañara al palacio del Arzobispo de Toledo. El zapatero tenía mucho miedo y no quería ir. Pero, venciendo

---

[11]**tres Reyes Magos** Three Wise Men   [12]**llenan** fill   [13]**juguetes** toys   [14]**dulces** sweets, candy   [15]**Belén** Bethlehem   [16]**harapos** rags   [17]**tienda** store   [18]**zapatero** shoemaker   [19]**chico** kid   [20]**Vuelva** Come back   [21]**listos** ready   [22]**cuando yo sea** when I become   [23]**Arzobispo** Archbishop (of Toledo, highest ecclesiastic position in Spain)   [24]**replicó** replied   [25]**si...servirle** if I could be of service   [26]**pobreza** poverty   [27]**cura** priest

su temor,[28] se puso en camino con el cura. Al presentarse ante el Arzobispo, éste, en tono muy cariñoso, le dijo:

—Amigo mío, hace muchos años usted me dio un par de zapatos para mi hermano cuando yo era estudiante en Salamanca. Yo era muy pobre en aquel entonces[29] y me conmovió[30] su generosidad. Usted se acordará de que en esa misma ocasión le había prometido[31] un generoso regalo cuando fuera Arzobispo de Toledo. Ahora lo soy y aquí tiene usted el precio[32] de los zapatos. Las buenas acciones son siempre recompensadas.[33]

Y le dio al viejecito una bolsa en que había cincuenta onzas[34] de oro.

—También, señor zapatero —continuó el Arzobispo—, si quiere pedirme cualquier cosa, hágalo[35] con toda confianza y trataré de otorgársela.[36]

Llorando de felicidad, el zapatero contestó:

—Señor, apenas[37] puedo creer lo que me pasa. El dinero que usted acaba de regalarme me basta para vivir bien el resto de mi vida. Sólo deseo[38] que a mi muerte no queden[39] abandonadas dos hijas que tengo.

—Usted verá cumplidos sus deseos muy pronto —prometió el Arzobispo.

—¡Que Dios lo bendiga! —respondió el zapatero.

Poco tiempo después, el Arzobispo de Toledo fundó el Colegio de Doncellas[40] Nobles, cuyas[41] primeras alumnas fueron las hijas del zapatero, a las que el Arzobispo había dado títulos de nobleza.

---

[28]**venciendo su temor** overcoming his fear   [29]**en aquel entonces** at that time
[30]**conmovió** moved   [31]**prometido** promised   [32]**precio** price   [33]**recompensadas** rewarded   [34]**onzas** ounces   [35]**hágalo** do it   [36]**otorgársela** grant it to you   [37]**apenas** hardly   [38]**deseo** I wish   [39]**queden** remain   [40]**Doncellas** Maidens   [41]**cuyas** whose

EJERCICIOS

A. Termine las frases con las palabras apropiadas.

1. La universidad de Salamanca fue fundada
   (a) en el siglo XIII.
   (b) después del viaje de Cristóbal Colón.
   (c) en el siglo III.
   (d) en el siglo XIX.

2. Había cursos para los estudiantes que querían ser
   (a) piratas.
   (b) guerreros.
   (c) zapateros.
   (d) doctores en medicina.

3. En la universidad había muchos estudiantes
   (a) ricos.
   (b) pobres.
   (c) viejos.
   (d) de California.

4. Los niños de los países de habla hispana reciben regalos de
   (a) los alcaldes.
   (b) los soldados.
   (c) los Reyes Magos.
   (d) los guerreros.

5. El estudiante entró en la tienda cuando
   (a) hacía sol.
   (b) hacía viento.
   (c) llovía a cántaros.
   (d) hacía buen tiempo.

6. El hermanito tenía
   (a) cinco años.
   (b) cinco meses.
   (c) cinco días.
   (d) quince años.

7. Los Reyes Magos vienen
   (a) el 25 de diciembre.
   (b) el 6 de enero.
   (c) el 31 de febrero.
   (d) el día antes de la Navidad.

8. —Voy a darle un regalo cuando sea
   (a) rey de España.
   (b) alcalde de Sevilla.
   (c) arquitecto.
   (d) Arzobispo de Toledo.

9. El zapatero se puso en camino con
   (a) un cerdo.
   (b) un cura.
   (c) la reina.
   (d) los Reyes Magos.

10. Las buenas acciones
   (a) no valen nada.
   (b) cuestan dinero.
   (c) se olvidan.
   (d) son siempre recompensadas.

B. Conteste con frases completas.

1. ¿En qué siglo conoció la Universidad de Salamanca un período de gran esplendor?

2. En este período, ¿cuántos estudiantes asistían a clases?

3. Nombre algunos de los cursos de la universidad.

4. ¿Qué explorador visitó la universidad?

5. ¿Cuándo se celebra el Día de Reyes?

6. ¿Qué traen los Reyes Magos a los niños?

7. ¿Cuánto dinero costaron los zapatitos?

8. ¿Quién se presentó un día en la zapatería?

9. ¿Quería ir el zapatero a Toledo?

10. ¿Qué regalo recibió el zapatero?

C. ¿Cuál es el infinitivo y el presente indicativo de estos verbos?

1. eran

2. podían

3. verá

4. llorabas

5. dijo

6. pidió

7. vuelva

8. llovía

9. asistieron

10. había

11. cayó

12. dolía

13. podía

14. robaban

15. fueron

D. ¿Cuál es la palabra que no pertenece a cada grupo?

1. ventana, viento, puerta, sala, cocina

2. mano, pie, cabeza, ojo, ocho

3. contento, cerca, alegre, feliz, alegría

4. siglo, semana, año, día, donde

5. mañana, tarde, todo, día, noche

6. montaña, mil, costa, campo, ciudad

Pedro de Urdemalas

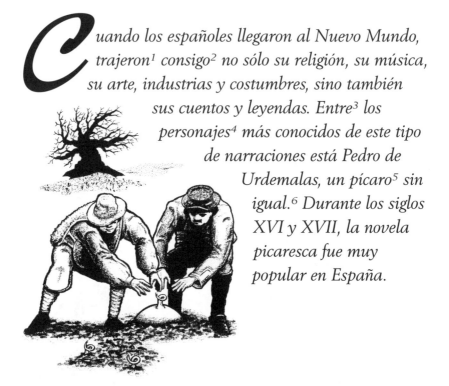

Cuando los españoles llegaron al Nuevo Mundo, trajeron[1] consigo[2] no sólo su religión, su música, su arte, industrias y costumbres, sino también sus cuentos y leyendas. Entre[3] los personajes[4] más conocidos de este tipo de narraciones está Pedro de Urdemalas, un pícaro[5] sin igual.[6] Durante los siglos XVI y XVII, la novela picaresca fue muy popular en España.

Pedro de Urdemalas nació en Segovia, España. Por eso, según[7] su madre, Pedro era castellano castizo,[8] aunque llevaba en sus venas sangre de íberos, visigodos y fenicios[9] mezclada[10] con un poco de sangre romana y árabe. Esta mezcla[11] de sangre le venía sólo por el lado de su madre,[12] pues su padre era alemán.[13]

La madre de Pedro se llamaba Juana González. Era una mujer bonita. Su esposo la había abandonado poco antes del nacimiento[14] de Pedro. Al ponerle nombre al niño y recordando

---

[1]**trajeron** brought   [2]**consigo** with themselves   [3]**Entre** Among   [4]**personajes** characters
[5]**pícaro** rogue, rascal   [6]**sin igual** with no match   [7]**según** according to   [8]**castizo** pure
[9]**íberos...fenicios** Iberians, Visigoths, and Phoenicians   [10]**mezclada** mixed   [11]**mezcla**
mixture   [12]**el...madre** his mother's side   [13]**alemán** German   [14]**nacimiento** birth

que *ur* en alemán significa "causa", la madre indicó que el apellido de su hijo era Ur de males, es decir,[15] la causa de sus males. El nombre de pila[16] del niño era Pedro porque había nacido el día de San Pedro. Así fue cómo la gente empezó a llamarle burlonamente[17] don Pedro de Urdemalas.

Según la leyenda, Pedro nació con un diente[18] de oro. Nadie sabe si es verdad o no. Pero sí se sabe que fue un niño extraordinario.

Cuando Pedro tenía sólo cinco años, fue con su padrastro,[19] un pastor,[20] para ayudarle con las ovejas.[21] Después de siete años, buscó otro trabajo con un buen vecino rico llamado Remigio Ortiz. Durante seis años sirvió a su amo, ayudándole con el cuidado de los cerdos.[22]

Pasados los seis años, Pedro creyó que debía tener más dinero que unos pocos duros[23] al mes que recibía del rico señor Ortiz.

Así, una mañana fue a un comerciante[24] y le preguntó si quería comprar cincuenta cerdos gordos a su patrón.

—Sí, con mucho gusto. ¿Cuándo puede entregármelos?[25]

—Mañana vendré[26] con los cerdos, señor —respondió Pedro—. Pero es necesario venderlos sin cola. Mi amo ha ofrecido las colas[27] a San Carolampio para curarse de una calentura.[28]

—Está bien —respondió el comerciante que creyó la mentira[29] que Pedro le había contado acerca de su patrón.

La mañana siguiente, Pedro cortó[30] las colas de todos los cerdos y las guardó[31] en una bolsa. Luego entregó los cerdos al comerciante y recibió el dinero. Entonces volvió a la hacienda[32] de su amo. Enseguida escondió el dinero en el bosque y colocó las colas en el lodo[33] a la orilla de un pequeño lago. Cerca de la orilla colocó también un cerdo que había muerto hacía algunos días,[34] de manera que[35] sólo se veía la cola.

Luego Pedro fue a su amo a contarle que los cerdos habían caído al lago y que sólo se podían ver[36] las colas. El amo corrió

---

[15]**es decir** that is   [16]**nombre de pila** first name   [17]**burlonamente** mockingly   [18]**diente** tooth   [19]**padrastro** stepfather   [20]**pastor** shepherd   [21]**ovejas** sheep   [22]**cerdos** pigs   [23]**duros** coins of small value   [24]**comerciante** merchant   [25]**entregármelos** deliver them to me   [26]**vendré** I will come   [27]**colas** tails   [28]**calentura** fever   [29]**mentira** lie   [30]**cortó** cut   [31]**guardó** kept   [32]**hacienda** farm   [33]**lodo** mud   [34]**hacía...días** some days ago   [35]**de manera que** so that   [36]**se...ver** could be seen

al lugar. Trató de sacar la cola que encontró más cerca. Pedro le ayudó y al fin sacaron al animal muerto.

—¡Ay, qué lástima! ¡Los pobres cerdos! —dijo el patrón—. Pero lo que se perdió,[37] se perdió.

Al ver que Pedro estaba muy triste, el patrón, en vez de castigarle, le dijo:

—Puedes marcharte a tu casa, joven. De hoy en adelante[38] ya no[39] necesitaré de tus servicios.

—Bueno, don Remigio, y gracias por su bondad[40] —contestó Pedro llorando.

Cuando el patrón se fue a su casa, Pedro se dirigió[41] al bosque para recoger[42] el dinero que había escondido. Allí paró de llorar, por supuesto.

La semana siguiente, Pedro dejó a su familia y salió para el Nuevo Mundo donde continuó sus pícaras aventuras. Se dice que, después de unos tres años, Pedro de Urdemalas cambió de vida y llegó a ser[43] un hombre bondadoso y noble.

EJERCICIOS

A. Termine las frases con las palabras apropiadas.

1. Los españoles llevaron al Nuevo Mundo
   (a) la lengua de los moros.
   (b) el puente de Toledo.
   (c) su arte, su música y su literatura.
   (d) el candelero de la vieja.

2. El padre de Pedro era
   (a) alemán.
   (b) francés.
   (c) italiano.
   (d) irlandés.

---

[37]**se perdió** was lost   [38]**De...adelante** From now on   [39]**ya no** no longer   [40]**bondad** kindness   [41]**se dirigió** headed toward   [42]**recoger** pick up   [43]**llegó a ser** became

3. Pedro nació con un diente de
   (a) oro.
   (b) piedra.
   (c) papel.
   (d) madera.

4. El padrastro de Pedro era
   (a) maestro.
   (b) pastor.
   (c) estudiante.
   (d) comerciante.

5. Pedro ayudó a su vecino rico con el cuidado de
   (a) los cuervos.
   (b) sus niños.
   (c) los caballos.
   (d) los cerdos.

6. —Tengo que venderle los cerdos sin
   (a) cabeza.
   (b) ojos.
   (c) colas.
   (d) piernas.

7. Pedro colocó las colas
   (a) en el jardín de su patrón.
   (b) en el bosque.
   (c) en el lodo en un pequeño lago.
   (d) debajo de un árbol.

8. Pedro escondió el dinero en
   (a) sus zapatos.
   (b) el lago.
   (c) el jardín de su amo.
   (d) el bosque.

9. —Gracias por su bondad —contestó Pedro,
   - (a) llorando.
   - (b) corriendo.
   - (c) gritando.
   - (d) sentándose.
10. En el Nuevo Mundo, Pedro
   - (a) compró zapatos nuevos.
   - (b) trabajó para un rey.
   - (c) pintó cuadros religiosos.
   - (d) cambió de vida.

B. Conteste con frases completas.

1. ¿Qué trajeron los españoles al Nuevo Mundo?
2. ¿Qué clase de novela fue muy popular en España durante los siglos XVI y XVII?
3. ¿Era castellana castiza la madre de Pedro?
4. ¿Qué significa la palabra *ur* en alemán?
5. ¿Cuántos años tenía Pedro cuando empezó a trabajar?
6. ¿Cuántos años trabajó Pedro para su padrastro?
7. ¿Quién era el vecino de Pedro?
8. ¿Qué decidió hacer Pedro? ¿Por qué?
9. ¿Quién le pagó a Pedro los cerdos?
10. ¿Adónde fue Pedro la semana siguiente?

C. ¿Cuál es el infinitivo de estos verbos?

1. salió
2. oyeron
3. comenzó
4. tenía
5. dijo

6. recibiendo

7. creyó

8. hacía

9. encendido

10. nublado

11. siendo

12. dio

13. llorando

14. quemaba

15. pudo

D. Cosas para hacer.

1. Nombre cuatro animales que los españoles trajeron al Nuevo Mundo.

2. ¿Qué más introdujeron los españoles en el Nuevo Mundo?

1. (el caballo, la vaca, el burro, la oveja)
2. (el idioma, la religión, la música, el arte, las industrias, las costumbres, los cuentos y las leyendas de España)

13 | Murillo, pintor famoso

*B*artolomé Esteban Murillo (1618–1682) nació
en Sevilla, donde vivió toda su vida excepto
los tres años que estudió en Madrid con
el gran pintor[1] Diego de Velázquez.
De todos los pintores españoles,
Murillo fue el más genial
idealista; y, como pintor
religioso, se dice que no tiene
rival. En 1852 una pintura[2]
titulada[3] La Inmaculada
Concepción[4] fue vendida
al Museo del Louvre en París
por 120,000 dólares. El
Museo del Prado en Madrid,
fundado[5] en 1819 por el rey
Fernando VII, posee[6] muchos cuadros famosos
pintados por el gran artista Murillo.

Durante la primera etapa[7] de su vida, Murillo, huérfano[8] desde
niño,[9] fue muy pobre. Cuando tenía diez años, fue a una iglesia
en Sevilla para observar a un artista famoso que estaba pintando
escenas religiosas. El chico se acercó[10] al pintor y le dijo:

---

[1]**pintor** painter [2]**pintura** painting [3]**titulada** entitled [4]***La Inmaculada Concepción***
The Immaculate Conception [5]**fundado** founded [6]**posee** possesses, has [7]**etapa** period
[8]**huérfano** orphan [9]**desde niño** since childhood [10]**se acercó** approached

—Señor, algún día yo también quiero pintar cuadros religiosos.

Viendo al niño tan sincero e inteligente, el artista le contestó:

—Tú lo puedes hacer, pequeño, porque creo que tienes la imagen de Dios en el pensamiento[11] y en el corazón.[12]

Murillo nunca olvidó[13] las palabras del artista y seis años más tarde se ganaba la vida pintando centenares[14] de pequeños cuadros de la Madona. Vendió algunos en los mercados y en las calles de Sevilla. Otros cuadros fueron comprados por iglesias en México y en el Perú.

Una leyenda nos cuenta que Murillo trabajó durante tres años pintando veinte cuadros para un nuevo convento en Sevilla. Allí todos lo querían mucho porque este pintor era muy amable[15] y sencillo.[16]

Los monjes[17] charlaban[18] con él; el jardinero[19] le regalaba flores; el cocinero[20] le preparaba platos exquisitos. Todos querían hacer algo por el gran artista.

Un día llegó el cocinero a su cuarto y le dijo:

—Señor Murillo, he oído que muy pronto usted se marchará. ¿Tiene usted algún recuerdo para su amigo el viejo cocinero? ¿No puede usted dejarme algún dibujito[21] suyo?

—Con mucho gusto,[22] amigo —contestó el pintor amablemente—, pero déme usted un lienzo,[23] porque ya no me quedan.[24]

El cocinero tampoco[25] tenía lienzo, pero llevaba de[26] delantal una gruesa servilleta.[27]

Murillo cogió la servilleta y la preparó bien. Algunos días después, llamó a su fiel amigo el cocinero y le dijo, dándole la servilleta:

—Tome usted su dibujito. Este trabajo no puede comprarse[28] con dinero, pero sí con amistad verdadera.

---

[11]pensamiento thought, mind [12]corazón heart [13]olvidó forgot [14]centenares hundreds [15]amable kind [16]sencillo simple [17]monjes monks [18]charlaban chatted [19]jardinero gardener [20]cocinero cook [21]dibujito small picture [22]Con mucho gusto With great pleasure [23]lienzo canvas [24]no me quedan I have run out [25]tampoco neither [26]llevaba de was wearing as [27]gruesa servilleta heavy napkin [28]no...comprarse cannot be bought

El cocinero miró la servilleta con lágrimas[29] de gratitud. El gran maestro había pintado una hermosa Madona con un hermoso niño en los brazos.

Este cuadro se conoce hoy en día como *La Madona de la Servilleta*. Se dice que ningún artista ha podido sobrepasar[30] los magníficos colores de esta obra maestra.[31]

EJERCICIOS

A. Termine las frases con las palabras apropiadas.

1. Murillo nació
   (a) en 1492.
   (b) en el siglo XV.
   (c) en el siglo XVII.
   (d) antes del nacimiento de Cristóbal Colón.

2. El Museo del Prado está
   (a) en Madrid.
   (b) cerca de Toledo.
   (c) en París.
   (d) lejos de la capital de España.

3. En el Prado
   (a) hay un café vascongado.
   (b) hay animales.
   (c) se ve toda clase de rosas.
   (d) hay pinturas famosas.

4. Murillo era
   (a) huérfano.
   (b) guerrero.
   (c) conde.
   (d) jardinero.

---

[29]**lágrimas** tears   [30]**sobrepasar** surpass   [31]**obra maestra** masterpiece

5. Murillo pintó cuadros para
   - (a) una escuela.
   - (b) una cueva.
   - (c) un convento.
   - (d) una zapatería.

6. Murillo dijo: —Quiero pintar cuadros
   - (a) del sol.
   - (b) religiosos.
   - (c) de barcos.
   - (d) de arañas.

7. Murillo vendió cuadros en
   - (a) Irlanda.
   - (b) los puentes.
   - (c) las torres.
   - (d) las calles y los mercados.

8. El cocinero llevaba como delantal
   - (a) una servilleta.
   - (b) una cortina.
   - (c) un pergamino.
   - (d) un pedazo de tela de su turbante.

9. El Museo del Louvre está en
   - (a) los Países Bajos.
   - (b) Francia.
   - (c) Granada.
   - (d) los Pirineos.

10. Murillo vivió casi toda su vida en
    - (a) Asturias.
    - (b) el Nuevo Mundo.
    - (c) Madrid.
    - (d) Sevilla.

B. Ordene estas palabras y forme una frase completa.

1. día. pintar religiosos quiero también Yo cuadros algún

2. comprarse no dinero. trabajo Este puede con

3. que corazón. tienes Creo imagen en pensamiento y Dios la de en el el en

4. los idealista fue de españoles. dice Se todos Murillo pintores más genial el que

5. gran Todos hacer el querían por algo artista.

C. Complete las oraciones con la palabra apropiada.

sencillo	Museo	palabras
jardinero	Madona	amable
cuadros	corazón	rival
platos	religioso	monjes

1. Murillo nunca olvidó las _____ del artista.

2. El _____ del Prado tiene muchos _____ famosos.

3. Los _____ charlaban con él.

4. Murillo era muy _____ y _____.

5. El cocinero preparaba _____ exquisitos.

6. Tienes la imagen de Dios en el _____.

7. El _____ le regalaba flores.

8. Como pintor _____, se dice que no tiene _____.

9. El gran maestro había pintado una hermosa _____.

D. ¿Cuál es el infinitivo y la tercera persona singular del presente indicativo de estos verbos?

1. era
2. olvidó
3. comprado
4. querían
5. dijo
6. dio
7. sabía
8. podido
9. sufrían
10. dormía
11. tendremos
12. puso
13. empezaron
14. volvió
15. hecho

Sevilla para el regalo;
Madrid para la nobleza;
Para tropas, Barcelona;
Para jardines, Valencia.

14 | El puñal de misericordia

Madrid, situado en la alta meseta[1] central española, era un pequeño pueblo llamado Magerit en los tiempos de la invasión mora. En el siglo XI los españoles reconquistaron la región y en el siglo XVI Madrid fue hecha capital del país. Por corto tiempo, fue ocupada por los franceses a principios[2] del siglo XIX. Madrid es la ciudad más grande de España y es el corazón del país.

Don Luis de Guzmán y su esposa, doña María, tenían una hija, Marianita. La fama de su belleza era conocida en todo Madrid.

Pero algo raro sucedía[3] en la casa del marqués don Luis. Nunca se abría para fiestas. Tampoco asistían sus dueños a ninguna reunión social; siempre tenían una disculpa[4] apropiada. Ni siquiera[5] iban a las recepciones oficiales en el palacio del rey. Era una actitud extraña, considerando que Marianita era linda y estaba en edad de casarse. Las únicas[6] veces que salían eran para oír misa[7] en la iglesia cercana.

---

[1]**meseta** mesa   [2]**a principios** at the beginning   [3]**sucedía** was happening   [4]**disculpa** excuse   [5]**Ni siquiera** Not even   [6]**únicas** only   [7]**oír misa** hear mass

Naturalmente, tal[8] situación fue causa de chisme[9] entre la gente. El caso de su solitaria vida era bien conocido y los cuentos que corrían de labios a oídos eran muchos y muy variados.

Entre las pocas personas que habían podido apreciar la excepcional belleza de Marianita en sus idas[10] a la iglesia estaba don Felipe de Rojas, un joven noble cuya[11] familia era amiga del rey. Don Felipe había visto a Marianita y se había enamorado de ella. La única atención que él recibía de ella era sólo una ligera inclinación de la cabeza cuando él la saludaba.[12] Nada más.

Don Felipe era un joven callado[13] y serio, bien educado[14] y de buenas costumbres.[15] Todos lo respetaban.

Un día, después de pensarlo mucho, don Felipe envió a su criado a casa de don Luis, padre de Marianita, pidiéndole permiso[16] para hacer una visita. El marqués accedió[17] a su pedido, fijando la cita[18] para las cinco de la tarde.

El joven llegó puntualmente a la cita y saludó cortésmente al marqués:

—Señor —dijo—, antes que nada[19] mis respetos a su esposa, la marquesa, y a usted y luego el asunto de mi visita.

—Gracias —dijo el marqués—. Siéntese. Me interesa lo que me va a decir.

—Desde hace mucho tiempo —comenzó el joven— he estado enamorado de su hija, Marianita. Vengo a pedirle su mano oficialmente.

El marqués se puso pálido[20] por unos momentos y luego respondió:

—¿Ha hablado usted con mi hija?

—No, señor marqués —respondió Felipe—. Nunca he tenido la oportunidad. Pero creo que mis ojos le han hablado de mi amor y creo que Marianita lo ha comprendido.

El marqués luego dijo:

---

[8]**tal** such [9]**chisme** gossip [10]**idas** visits [11]**cuya** whose [12]**saludaba** greeted [13]**callado** quiet [14]**bien educado** well-mannered [15]**costumbres** habits, customs [16]**permiso** permission [17]**accedió** consented [18]**cita** appointment, date [19]**antes que nada** first of all [20]**pálido** pale

—Usted honra mi casa, pero hay un gran impedimento. Desde muy joven, mi hija tiene hecho un voto[21] solemne de no casarse.

Felipe no pudo hablar. Sólo tenía la mirada fija[22] en una de las paredes del salón de donde colgaba[23] un precioso puñal de misericordia.[24] (En tiempos antiguos los caballeros usaban estos puñales para matar a sus enemigos vencidos o para sacrificarse ellos mismos antes que[25] ser humillados[26] en la derrota.[27])

El joven sabía que bajo tal voto Marianita no cambiaría de opinión. Sin decir una palabra, don Felipe se levantó y se dirigió hacia la puerta. Lenta y tristemente, dijo al marqués:

—Me ha dejado usted muerto. Aquel puñal en la pared no podría haberlo hecho mejor.

—Lo siento mucho, don Felipe. Yo también sufro —contestó el marqués.

Don Felipe salió de la casa y cruzó[28] la calle. Miró la casa como para decir adiós y creyó ver una cara en una de las ventanas. Un rayo[29] de esperanza[30] entró en su alma.[31] No pudo moverse de ese lugar; e,[32] instantes después, vio una mano que dejó caer algo por la ventana. Don Felipe cruzó la calle rápidamente y recogió lo que había caído. Era una nota. La abrió enseguida y leyó:

«Don Felipe, no puedo dejarlo sufrir sin que usted sepa mis razones. Yo también lo quiero. Venga a la casa mañana a las diez de la mañana. Mis padres estarán en la iglesia.»

A la hora indicada, don Felipe volvió a la casa de Marianita. Ella abrió la puerta e indicó con la mano una nota sobre la mesa que ella había escrito:

«Soy muy infeliz. Desde mi nacimiento no he podido hablar. Soy muda.[33] Ahora sabes toda la verdad. Pero tengo que decirte que te quiero mucho.»

Y en esos momentos, Marianita cogió el puñal de la pared. Lo hundió[34] en su propia garganta.[35] Marianita cayó lentamente

---

[21]**voto** vow   [22]**mirada fija** fixed gaze   [23]**colgaba** was hanging   [24]**puñal de misericordia** mercy dagger   [25]**antes que** rather than   [26]**humillados** humiliated   [27]**derrota** defeat   [28]**cruzó** crossed   [29]**rayo** ray   [30]**esperanza** hope   [31]**alma** soul   [32]**e** and (before i and hi)   [33]**muda** mute   [34]**hundió** sank   [35]**garganta** throat

al suelo, mirando a don Felipe. Él, fuera de sí,[36] fue a la puerta y gritó:

—¡Socorro![37]

En ese momento llegaron a la puerta los padres de Marianita. El marqués fue por el médico. Don Felipe vendó[38] la herida lo mejor que pudo[39] a la vez que[40] preguntaba a Marianita:

—¿Por qué has hecho esto? ¿Por qué?

Después de un rato[41] llegó el médico con don Luis. Atendió a Marianita y luego les dijo:

—Es grave, pero se recuperará.[42] Mientras tanto,[43] ella necesita mucho descanso.

Marianita estaba inmóvil. Luego hizo un sonido,[44] luego otro más fuerte. Y mirando a don Felipe, pronunció estas sílabas:

—Fe...li...pe.

Todos se quedaron atónitos.[45] No podían creerlo. Marianita misma quedó paralizada de miedo. Luego repitió las mismas sílabas:

—Fe...li...pe. Fe...li...pe.

Y todos, a la vez, dijeron:

—¡Puede hablar! ¡Puede hablar!

El médico, sorprendido, explicó que a lo mejor[46] la puñalada[47] había cortado algún músculo o nervio que antes había impedido[48] el uso de sus cuerdas vocales.

No se podría expresar con palabras la felicidad que todos sintieron en ese momento. Lloraban de alegría.

Un mes después, se celebró la boda de don Felipe y Marianita. No había en toda la comarca[49] una pareja más hermosa ni más feliz. Y, en su casa, en una pared muy prominente, se puede ver colgado el puñal de misericordia.

---

[36]**fuera de sí** beside himself   [37]**Socorro** Help   [38]**vendó** bandaged   [39]**lo...pudo** as best he could   [40]**a la vez que** while   [41]**rato** short while   [42]**se recuperará** she will recover   [43]**Mientras tanto** In the meanwhile   [44]**sonido** sound   [45]**atónitos** astounded   [46]**a lo mejor** perhaps   [47]**puñalada** stab wound   [48]**impedido** impeded   [49]**comarca** region, province

EJERCICIOS

A. Termine las frases con las palabras apropiadas.

1. Madrid fue hecha capital del país
   (a) antes del siglo XI.
   (b) durante el siglo X.
   (c) en el siglo XVI.
   (d) en tiempos de Cristóbal Colón.

2. En la casa de don Luis de Guzmán
   (a) nunca había fiestas.
   (b) había fiestas todos los domingos.
   (c) sólo había fiestas para su hija.
   (d) las fiestas duraban toda la noche.

3. Marianita estaba en edad de
   (a) viajar.
   (b) ser criada.
   (c) ir a la escuela.
   (d) casarse.

4. Don Felipe vio a Marianita
   (a) en sus visitas a la iglesia.
   (b) en las tiendas.
   (c) en el palacio del rey.
   (d) en su jardín.

5. Don Felipe era un joven
   (a) sin educación.
   (b) de familia pobre.
   (c) de buena educación.
   (d) francés.

6. El criado enviado por don Felipe
   - (a) pidió permiso para hacer una visita.
   - (b) invitó a Marianita a un baile.
   - (c) pidió dinero.
   - (d) dijo adiós.

7. Según su padre, Marianita
   - (a) nunca había hecho un voto.
   - (b) quería entrar en un convento.
   - (c) no quería ver a nadie.
   - (d) había hecho voto de no casarse.

8. Los puñales de misericordia eran usados por
   - (a) los joyeros.
   - (b) los cocineros.
   - (c) los caballeros.
   - (d) los zapateros.

9. En una ventana, don Felipe creyó ver
   - (a) un pie.
   - (b) un brazo.
   - (c) una mano.
   - (d) una cara.

10. En la casa de don Felipe y Marianita está
    - (a) la nota que ella había escrito.
    - (b) una chaqueta bordada.
    - (c) un caballo.
    - (d) el puñal de misericordia.

B. **¿Cuál es el infinitivo que corresponde a estas palabras?**

1. respuesta	8. comida	15. sufrimiento
2. nacimiento	9. sorpresa	16. ayuda
3. esperanza	10. muerte	17. sueño
4. viajero	11. recuerdo	18. cambio
5. educación	12. necesidad	19. brillante
6. vida	13. alegría	20. mirada
7. busca	14. estudiante	

C. **¿Son verdaderas o falsas las siguientes oraciones? Si son falsas, modifíquelas para que sean verdaderas.**

1. Sevilla es la ciudad más grande de España.

2. La casa del marqués nunca se abría para fiestas.

3. Don Felipe era callado, serio y viejo.

4. Don Felipe quería visitar al padre de Marianita.

5. Los caballeros usaban el puñal de misericordia para matar a sus enemigos.

6. Marianita murió de una puñalada en la garganta.

7. Ella no quería a don Felipe.

8. Sus padres quedaron atónitos al oír la primera palabra de Marianita.

9. Don Felipe de Guzmán se casó con Marianita.

10. Los dos fueron la pareja más feliz de la comarca.

D. Temas para discutir.

1. Si usted fuera mudo, ¿cuál sería la primera cosa que diría al poder hablar? ¿Por qué?

2. ¿Le gustan los chismes? ¿Por qué?

15 | El misterio de las joyas perdidas

España ha producido siempre hermosas obras de arte[1] en oro y plata.[2] Sus artesanos[3] son unos de los mejores del mundo. Combinando este arte con el arte del tallado de piedras preciosas,[4] han producido joyería[5] que durante siglos ha sido reconocida por su exquisitez y refinamiento.[6] Sobresalen[7] particularmente en arte religioso.

Durante el reinado[8] de Felipe IV y la reina Isabel (1621–1665), se decía que las mujeres de la corte española eran las más bellas del mundo. Entre ellas estaba la condesa[9] de la Peña. Su esposo, el conde de la Peña, había luchado en los Países Bajos[10] y volvió a España gravemente herido.[11] Una semana más tarde,[12] murió, dejando a su esposa viuda[13] y triste.

Para poder olvidar su tristeza, la condesa pidió permiso a la reina para alejarse de[14] la corte con el fin de[15] pasar el resto de

---

[1]**obras de arte** works of art   [2]**plata** silver   [3]**artesanos** artisans   [4]**piedras preciosas** precious stones   [5]**joyería** jewelry   [6]**exquisitez y refinamiento** exquisiteness and refinement   [7]**Sobresalen** They excel   [8]**reinado** reign   [9]**condesa** countess   [10]**Países Bajos** Netherlands   [11]**gravemente herido** seriously wounded   [12]**más tarde** later   [13]**viuda** widow   [14]**alejarse de** get away from   [15]**con el fin de** with the purpose of

sus días en completa soledad.[16] La reina, naturalmente, se lo concedió.

Al despedirse de la condesa, la reina se quitó[17] del pecho un broche[18] de brillantes[19] en forma de cruz[20] y lo prendió[21] en el vestido de la condesa como recuerdo[22] para su noble y desdichada[23] amiga.

La condesa llevó una vida de absoluto retiro.[24] Cuando salía de su casa, sólo la acompañaba su sirvienta, Catalina.

Aunque la condesa poseía muchas joyas valiosas, no las volvió a usar más, a excepción de las alianzas[25] de ella y de su esposo y la cruz de brillantes, regalo de la reina.

Sucedió que cierto día, al regresar la condesa a sus habitaciones después de haber desayunado, se quitó los anillos[26] para lavarse las manos y en inexplicable olvido, no se los volvió a poner.[27] Unas horas más tarde, al darse cuenta, regresó a su lavatorio. Éste estaba junto a[28] una pequeña ventana de su dormitorio.[29] Notó con sorpresa que el anillo que tenía grabado[30] el nombre de su esposo había desaparecido.

Buscó cuidadosamente en todos los lugares donde creía que podía haberlo dejado. Por fin, tuvo que darse por vencida.[31]

Llamó a Catalina y le contó lo que había sucedido y juntas siguieron buscando sin poder encontrarlo.

Dos meses más tarde, otras joyas desaparecieron: entre ellas, la preciosa cruz de brillantes, regalo de la reina. La condesa llamó a Catalina, que era la única criada. Ella negó haberla tomado.[32]

La pobre muchacha, de rodillas y hecha un mar de lágrimas,[33] juraba su inocencia. Pero la condesa no la creyó. Fue avisado el juez[34] y la pobre Catalina fue encerrada en la cárcel.

Pasaron varios meses. Pero cierto día, unos muchachos, jugando en la calle frente a la casa de la condesa, oyeron un agudo chillido.[35] Cuando miraron hacia donde venía el ruido, vieron

---

[16]**soledad** solitude   [17]**se quitó** took off   [18]**broche** brooch   [19]**brillantes** diamonds   [20]**cruz** cross   [21]**prendió** pinned, fastened   [22]**recuerdo** souvenir   [23]**desdichada** unfortunate   [24]**retiro** seclusion   [25]**alianzas** wedding rings   [26]**anillos** rings   [27]**no...poner** did not put them back on   [28]**junto a** by, near   [29]**dormitorio** bedroom   [30]**grabado** engraved   [31]**darse por vencida** give up   [32]**negó...tomado** denied having taken it   [33]**hecha...lágrimas** crying profusely   [34]**juez** judge   [35]**agudo chillido** shrill shriek

un cuervo posado[36] en el techo[37] de la casa. Tenía algo brillante[38] en el pico.[39] Uno de los muchachos cogió una piedra y la tiró con tanta fuerza y puntería[40] que dio[41] precisamente en la cabeza del pobre pájaro y el cuervo cayó al suelo en el acto.[42] Todos fueron a verlo y un muchacho gritó:

—¡Miren, es un cuervo y tiene algo en el pico!

¡El pájaro tenía la preciosa cruz de brillantes! Los muchachos, como todo habitante de la ciudad, sabían lo que había pasado antes y en seguida levantaron el cuervo, que todavía tenía la cruz en el pico, y lo llevaron a la condesa. Al ver lo que traían los muchachos, se dio cuenta de que el cuervo, y no Catalina, había robado la cruz. La condesa al instante se desmayó.[43]

—Catalina, Catalina... pobre Catalina... —dijo al volver en sí.[44]

La condesa, tan pronto como pudo, mandó avisar[45] al juez que fue un cuervo el que robó la cruz. La condesa misma[46] fue a la cárcel para sacar a Catalina. De rodillas, la condesa le pidió perdón:[47]

—Catalina, yo te he acusado injustamente. No quiero vivir sin tu perdón.

—Señora —respondió Catalina—, usted creyó que eso era lo que tenía que hacer. De veras,[48] no sabe usted lo mucho[49] que he sufrido; pero le perdono.

La condesa llevó a Catalina a la casa.

Mientras tanto,[50] encontraron el nido[51] del cuervo, donde vieron, además del anillo del señor conde, otras alhajas,[52] monedas y muchas otras cosas que provocan la fascinación de esta clase de ave.[53] Es bien sabido que tienen la tendencia de llevarse y ocultar[54] en sus nidos todo objeto que brilla.[55]

La condesa decidió dar la mitad[56] de su fortuna a Catalina y las dos llegaron a ser muy buenas amigas.

---

[36]**cuervo posado** crow perched   [37]**techo** roof   [38]**brillante** shiny, sparkling   [39]**pico** beak
[40]**puntería** aim   [41]**dio** hit   [42]**en el acto** instantly   [43]**se desmayó** fainted   [44]**al volver en sí** upon coming to   [45]**avisar** notify   [46]**misma** herself   [47]**pidió perdón** asked forgiveness   [48]**De veras** Indeed   [49]**lo mucho** how much   [50]**Mientras tanto** In the meantime   [51]**nido** nest   [52]**alhajas** jewels   [53]**ave** bird   [54]**ocultar** hide   [55]**brilla** shines
[56]**mitad** half

EJERCICIOS

A. Termine las frases con las palabras apropiadas.

1. España ha producido joyería
   - (a) exquisita y refinada.
   - (b) fea.
   - (c) de poco valor.
   - (d) de baja calidad.

2. El conde de la Peña había luchado
   - (a) en las Islas Baleares.
   - (b) en Francia.
   - (c) en los Países Bajos.
   - (d) en Irlanda.

3. La esposa del conde estaba
   - (a) alegre.
   - (b) triste.
   - (c) feliz.
   - (d) contenta.

4. La condesa pidió permiso a la reina para
   - (a) entrar en un convento.
   - (b) hacer un viaje a Creta.
   - (c) hacer visitas en Granada.
   - (d) alejarse de la corte.

5. La reina le dio a la condesa
   - (a) un anillo.
   - (b) un broche.
   - (c) una bolsa.
   - (d) un cuervo.

6. La sirvienta de la condesa se llamaba
   - (a) Antonia.
   - (b) Isabel.
   - (c) Luisa.
   - (d) Catalina.

7. La condesa se quitó los anillos para
   - (a) lavarse las manos.
   - (b) bailar el tango.
   - (c) cantar.
   - (d) dormir.

8. Catalina
   - (a) salió para Valencia.
   - (b) fue encerrada en la cárcel.
   - (c) no perdonó a la condesa.
   - (d) compró zapatos verdes.

9. Fue el cuervo el que había
   - (a) robado la cruz.
   - (b) comido los dulces.
   - (c) dormido en la cama.
   - (d) llorado amargamente.

10. La condesa y Catalina llegaron a ser
    - (a) enemigas.
    - (b) estudiantes.
    - (c) guerreras.
    - (d) buenas amigas.

B.   Conteste con frases completas.

1. ¿Quiénes sobresalen en arte religioso?
2. ¿Quién fue la esposa del rey Felipe IV?
3. En la leyenda, ¿quién es la viuda?
4. ¿Qué clase de broche recibió la condesa?

5. ¿Cuál fue la primera cosa que desapareció?

6. ¿Quién juró su inocencia?

7. ¿Dónde fue encerrada Catalina?

8. ¿Quiénes oyeron un agudo chillido?

9. ¿Dónde estaba el cuervo?

10. ¿Qué encontraron en el nido del cuervo?

C. Busque en la segunda columna las palabras que tengan el significado contrario a las de la primera columna.

1. dar   a. reír

2. olvidar   b. hallar

3. tristemente   c. después de

4. llorar   d. contestar

5. subir   e. recordar

6. perder   f. nuevo

7. preguntar   g. ninguno

8. viejo   h. recibir

9. alguno   i. bajar

10. antes de   j. alegremente

D. Escriba un nombre que corresponda a cada infinitivo. (Ejemplo: _perdonar—perdón_)

1. cantar

2. pasar

3. entrar

4. regalar

5. invitar

6. viajar

7. trabajar

8. nombrar
9. gritar
10. mirar
11. responder
12. saludar
13. caminar
14. vestir
15. enfermarse
16. cuidar
17. estudiar
18. llegar

La experiencia es madre de ciencia.

No es oro todo lo que reluce.

16 | La gruta del pirata

A doscientos kilómetros de la costa oriental[1] de España está situada[2] Mallorca,[3] la más grande de las Islas Baleares.[4] A lo largo de[5] su historia, estas islas han pertenecido a[6] diferentes países, pero desde el siglo XIII forman parte de España.

Los mallorquines[7] son una mezcla de varias tribus primitivas del Mediterráneo, y siempre han sido gente humilde y buena. Es interesante notar[8] que, a mediados del[9] siglo XVIII, un grupo de misioneros salieron de Mallorca rumbo al Nuevo Mundo. Uno de ellos, el Padre Junípero Serra, fundó nueve misiones en la Alta California.

Durante varios siglos, los mallorquines fueron víctimas de los piratas, pues abundaba[10] la piratería[11] en el Mediterráneo. En el año 1760, eran muchos los piratas que navegaban[12] del norte de África a la isla de Mallorca. Sus costas favoritas eran las del suroeste[13] donde había muchas bahías[14] pequeñas donde podían dejar sus barcos mientras robaban a los pobladores.[15]

---

[1]**oriental** eastern   [2]**está situada** is located   [3]**Mallorca** Majorca   [4]**Islas Baleares** Balearic Islands   [5]**A lo largo de** Throughout   [6]**han pertenecido a** have belonged to   [7]**mallorquines** people of Majorca   [8]**notar** point out   [9]**a mediados del** in the middle of   [10]**abundaba** abounded   [11]**piratería** piracy   [12]**navegaban** navigated   [13]**suroeste** southwest   [14]**bahías** bays   [15]**pobladores** inhabitants

Un día de otoño, la gente del pequeño pueblo de Artá estaba celebrando su cosecha[16] de fruta con una alegre fiesta. De repente,[17] hubo una invasión de piratas, que venían gritando y blandiendo[18] sus espadas.

Pronto los piratas hicieron prisionero al alcalde y lo llevaban hacia su barco. Sin embargo, la gente del pueblo peleó con tanta furia que los piratas soltaron[19] a su cautivo[20] y corrieron a su barco. Inmediatamente abandonaron la isla a toda velocidad.[21]

Pero no todos se fueron. Hubo un joven pirata que, intentando[22] huir, se cayó en las rocas de la playa y se rompió[23] una pierna. Con gran dificultad se arrastró[24] hasta una gran cueva cerca de la playa.

—Aquí voy a esperar la vuelta[25] de mis compañeros[26] —se decía a sí mismo—. Muy pronto volverán a buscarme. Pero primero voy a vendarme la pierna que tanto me duele. Así el valeroso e inteligente joven se vendó la pierna con un pedazo de tela de su turbante.[27] Entonces, como tenía hambre, decidió ir a buscar alimentos.[28] Afortunadamente, había unos pastores que guardaban sus cabras[29] en la cueva. Así, con la leche de estos animales, el joven pudo pasar unos días sin necesidad de salir.

Todos los días el joven esperaba ver su barco en el mar. Pero sus compañeros, creyéndolo[30] muerto o prisionero, nunca volvieron.

Un día los pescadores[31] del pueblo vieron al joven sentado frente a la cueva. Enseguida lo llevaron a la casa del buen alcalde. Aquí toda la familia le ayudó a curar sus heridas y le dieron buena comida. Siempre fue tratado con respeto y cariño.

Poco a poco, el joven olvidó su odio hacia sus compañeros que tan cruelmente lo habían abandonado. Se ofreció como criado al alcalde que lo había tratado con tanta amabilidad.[32]

—Con mucho gusto acepto tu ayuda. Pero ahora eres un querido miembro de nuestra familia —dijo el alcalde.

---

[16]**cosecha** harvest   [17]**De repente** Suddenly   [18]**blandiendo** waving   [19]**soltaron** released
[20]**cautivo** captive   [21]**a toda velocidad** at full speed   [22]**intentando** attempting
[23]**se rompió** broke   [24]**se arrastró** dragged himself, crawled   [25]**vuelta** return
[26]**compañeros** mates   [27]**turbante** turban   [28]**alimentos** food   [29]**cabras** goats
[30]**creyéndolo** believing him (to be)   [31]**pescadores** fishermen   [32]**amabilidad** kindness

El joven trabajó fielmente[33] durante muchos meses. Así ganó el respeto y el cariño[34] de todo el pueblo y el amor de la familia del alcalde. La verdad es que el joven se enamoró de la hija del alcalde y después de un año se casaron y vivieron felices toda su vida en el pueblo, cerca de la Gruta del Pirata.

EJERCICIOS

A. Termine las frases con las palabras apropiadas.

1. Mallorca es
   (a) la capital de Irlanda.
   (b) una ciudad cerca de Madrid.
   (c) un río en Toledo.
   (d) una isla.

2. Las Islas Baleares están
   (a) al oeste de Portugal.
   (b) al este de España.
   (c) cerca de México.
   (d) al sur de Granada.

3. Junípero Serra era
   (a) jardinero.
   (b) misionero.
   (c) soldado.
   (d) zapatero.

4. Los piratas viajaron
   (a) en barcos.
   (b) a pie.
   (c) en coche.
   (d) a caballo.

---

[33]**fielmente** faithfully   [34]**cariño** affection

5. La gente de Artá celebraba
   (a) una boda.
   (b) la llegada de los piratas.
   (c) su cosecha de fruta.
   (d) el primer día de escuela.

6. Los piratas hicieron prisionero
   (a) al alcalde.
   (b) al cura.
   (c) a un conde.
   (d) a un niño.

7. El joven pirata se rompió
   (a) un dedo.
   (b) la cabeza.
   (c) la pierna.
   (d) el pie.

8. En la cueva había
   (a) cabras.
   (b) burros.
   (c) gallinas.
   (d) caballos.

9. El pirata luego vivió con
   (a) el cura.
   (b) el hijo de un misionero.
   (c) un pescador.
   (d) la familia del alcalde.

10. El joven y su esposa vivieron
    (a) cerca de la Gruta del Pirata.
    (b) en la capital de Mallorca.
    (c) en un barco.
    (d) en el Nuevo Mundo.

B. Conteste con frases completas.

1. ¿Qué es Mallorca?
2. ¿Cuándo salió Junípero Serra de su patria?
3. ¿Quién fundó nueve misiones en Alta California?
4. ¿En qué mar abundaban los piratas en ese tiempo?
5. ¿Dónde había muchas bahías pequeñas?
6. ¿Dónde dejaban los piratas sus barcos?
7. ¿Volvieron por él los compañeros del joven pirata?
8. ¿Qué usó el joven pirata para vendar la pierna rota?
9. ¿Quién llevó al joven pirata a la casa del alcalde?
10. ¿Con quién se casó el joven?

C. Dé un ejemplo de lo siguiente. Antes de contestar, piense en las leyendas que ha leído.

1. un pintor
2. un museo francés
3. un mar
4. un animal
5. montañas
6. una parte del cuerpo
7. un huérfano
8. un misionero
9. un animal que da leche
10. un ave
11. un rey
12. una pintura
13. la parte más morisca de España
14. un rey matado por su hijo

15. un conde
16. una universidad
17. un río español
18. una isla al este de España
19. un extranjero de Irlanda
20. un juego

Una cajita muy chiquita
blanquita como la sal,
todos la saben abrir,
nadie la sabe cerrar.

¿Qué es?

(el huevo)

17 | Las ánimas

*E*n los años de la colonización del Nuevo Mundo, cientos de miles[1] de españoles trataron de hacer fortuna en América, conocida como Indias en ese tiempo. Las leyendas del oro y la plata atrajeron[2] a muchos. Había veces en que estos españoles se hacían ricos y volvían a España con sus fortunas. A éstos se les llamaba "indianos" porque venían de las Indias.

La siguiente leyenda tiene que ver con un rico indiano llegado a Andalucía.

Se cuenta que por el sur de España, en Andalucía, había una vez una viejita que tenía una sobrina linda y buena, pero muy perezosa.[3] Se desesperaba[4] la vieja al no poder casarla. Temía[5] morir y dejar a la pobre sobrina sin esposo.

Sucedió que llegó al pueblo en donde vivían la tía y la sobrina un indiano muy rico y guapo que quería casarse. La tía fue inmediatamente al caballero diciendo que ella tenía una sobrina cuyos talentos eran tantos que no bastaría[6] un libro para

---

[1]**cientos de miles** hundreds of thousands   [2]**atrajeron** attracted   [3]**perezosa** lazy
[4]**Se desesperaba** despaired   [5]**Temía** She was afraid   [6]**no bastaría** would not be enough

contarlos. El caballero le contestó que le gustaría mucho conocerla y así él iría al día siguiente a su casa a visitarla.

Al día siguiente llegó el caballero y preguntó:

—¿Sabe su sobrina hilar?[7]

—¿Cómo, hilar? —dijo la tía—. Si precisamente ése es el mayor gusto de ella.

El caballero se fue muy contento. Al poco rato empezaron a llegar a la casa de la tía muchos criados cargados con madejas de lino.[8] Decía el jefe de los criados:

—Dice mi señor que para mañana todo debe estar hilado.

La muchacha, al oír esto, se puso[9] a llorar amargamente[10] porque ella no sabía hilar; nunca había hilado.

—¿Qué voy a hacer? ¿Qué voy a hacer? —repetía ella— Yo quiero casarme con el indiano. ¿Qué voy a hacer? —Y seguía llorando.

En ese instante aparecieron, vestidas de blanco, tres ánimas,[11] de las buenas,[12] y se pusieron a hilar. En poco tiempo convirtieron[13] todas las madejas de lino en hilo fino. Luego desaparecieron.

Cuando a la mañana siguiente la tía vio aquel milagro, apenas[14] pudo contenerse[15] de la alegría. Y cuando llegó el rico caballero indiano, felicitó[16] a su novia por su habilidad.[17] Pero entonces se le ocurrió[18] preguntarle si sabía coser.[19]

—¿Si sabe ella coser? —se apresuró[20] a decir la tía— Coser es un placer[21] para ella y lo hace con mucha rapidez.[22]

El indiano se fue muy contento y al poco rato empezaron a llegar criados y más criados cargados de piezas de lienzo.[23]

—Dice mi señor que la señorita debe hacer con esto chaquetas[24] y camisas para él —dijo el jefe de los criados.

Otra vez la muchacha, que no sabía nada de cortar ni coser, se puso a llorar.

Las tres ánimas volvieron a aparecer[25] y en poco tiempo

---

[7]**hilar** spin   [8]**madejas de lino** skeins of flax   [9]**se puso** began   [10]**amargamente** bitterly
[11]**ánimas** spirits   [12]**de las buenas** of the good kind   [13]**convirtieron** transformed
[14]**apenas** hardly   [15]**contenerse** contain herself   [16]**felicitó** congratulated   [17]**habilidad**
skill, ability   [18]**se le ocurrió** it occurred to her   [19]**coser** sew   [20]**se apresuró** she
hurried   [21]**placer** pleasure   [22]**rapidez** speed   [23]**piezas de lienzo** bolts of linen cloth
[24]**chaquetas** jackets   [25]**volvieron a aparecer** appeared again

habían cortado todo el lienzo y habían hecho las chaquetas y camisas. Luego desaparecieron.

La tía de la muchacha bailaba de gusto y el indiano no cesaba[26] de congratularse por tener una novia tan lista.

Pero entonces se le ocurrió al indiano enviarle a la muchacha docenas de chalecos.[27]

—Dice mi señor que los quiere bordados,[28] todos diferentes y de todos los colores —decía el jefe de los criados.

La muchacha, cada[29] vez más triste, comenzó a llorar amargamente otra vez.

Como en las otras ocasiones, las tres ánimas aparecieron y en poco tiempo tenían todos los chalecos bordados.

—Con gusto hemos hecho todo este trabajo —decían las ánimas—, pero lo único[30] que pedimos es que nos invites al banquete de tu boda.

—¡Pero, cómo no![31] —contestó la muchacha.

Cuando el indiano vio los chalecos bordados y en tan poco tiempo, no dudó un instante que tenía la novia más capaz[32] de toda España y estaba resuelto[33] a no dejar escapar aquel tesoro. Él quería casarse al instante.

La muchacha estaba muy triste porque se había enamorado ya del indiano. Era muy guapo y bueno. Pero ella sabía que él se daría cuenta de que ella no era trabajadora y que no sabía hacer nada.

Llegó el día de la boda. El banquete era espléndido y todos los convidados[34] estaban muy contentos, comiendo, riendo y bailando. Entre los convidados que llegaron tarde, había tres viejecitas tan feas que todos dejaron de[35] comer, de reírse y de bailar, mirándolas con la boca abierta. Una de ellas tenía un brazo muy corto y el otro larguísimo; otra era jorobada[36] con el cuerpo torcido;[37] y la tercera tenía los ojos saltones[38] y colorados.[39]

---

[26]**no cesaba** did not cease   [27]**chalecos** vests   [28]**bordados** embroidered   [29]**cada** each
[30]**lo único** the only thing   [31]**Pero, cómo no** Why, of course   [32]**capaz** capable
[33]**resuelto** resolved   [34]**convidados** guests   [35]**dejaron de** stopped   [36]**jorobada** hunchbacked   [37]**torcido** twisted   [38]**saltones** bulging   [39]**colorados** red

Cuando la muchacha se dio cuenta de que las tres viejecitas eran las tres ánimas, dijo a su marido:

—Son tres tías muy queridas...

—Pues[40] tú las has convidado, mi querida esposa; sean bienvenidas.[41]

Y él fue a hablarles con mucho cariño y a ofrecerles asiento.[42]

Como eran muy conversadoras,[43] las viejitas en seguida se pusieron a charlar con los demás. Al fin, un convidado curioso no pudo resistirlo y preguntó a la primera cómo era que tenía un brazo corto siendo el otro tan largo.

—Hijo mío —dijo la vieja en voz muy alta—, los tengo así por lo mucho[44] que he hilado.

El novio, oyendo esto y que en aquel instante contemplaba los brazos de su mujer, tan blancos y redondos,[45] se le acercó a ella y le dijo:

—No debes hilar más en tu vida.

Mientras tanto, otro convidado preguntaba a la segunda viejita por qué tenía los ojos tan saltones y colorados.

—He pasado la vida cortando y cosiendo.

El novio dijo al oído de su esposa:

—Tampoco debes cortar ni coser.

Mientras, otro curioso preguntaba a la tercera viejita cómo era que tenía la espalda jorobada y el cuerpo tan torcido.

—¡Ay, hijo mío! —contestó la viejita— Estoy así de tanto inclinarme[46] para bordar.

El novio, hablándole otra vez a su esposa, dijo:

—No debes bordar más en tu vida.

Y las viejecitas, que eran las ánimas, desaparecieron; y el caballero y su esposa fueron muy felices.

---

[40]**Pues** Since   [41]**bienvenidas** welcome   [42]**asiento** seat   [43]**conversadoras** talkative
[44]**lo mucho** the great amount   [45]**redondos** rounded   [46]**inclinarme** bend over

EJERCICIOS

A. Termine las frases con las palabras apropiadas.

1. Fueron llamados indianos
   - (a) los que querían ir a las Indias.
   - (b) los que venían de América.
   - (c) los guerreros de los Países Bajos.
   - (d) los que deseaban vivir en Indiana.

2. Andalucía está
   - (a) al norte de Madrid.
   - (b) cerca de Valencia.
   - (c) al oeste de Portugal.
   - (d) al sur de España.

3. Había una viejita que tenía una sobrina
   - (a) perezosa.
   - (b) famosa.
   - (c) fea.
   - (d) trabajadora.

4. La viejita temía dejar a su sobrina
   - (a) con una pierna herida.
   - (b) con tanto dinero.
   - (c) sin dos caballos.
   - (d) sin esposo.

5. La tía le habló al indiano acerca de
   - (a) los pies pequeños de su sobrina.
   - (b) la bondad de la reina.
   - (c) sus vecinos.
   - (d) los talentos de su sobrina.

6. La sobrina no sabía
   (a) bailar.
   (b) hilar.
   (c) escribir.
   (d) hacer enchiladas.

7. En ese instante, aparecieron
   (a) dos monjes.
   (b) los Reyes Magos.
   (c) cuatro gitanas jorobadas.
   (d) tres ánimas.

8. En poco tiempo las ánimas tenían los chalecos
   (a) cortados en pedazos.
   (b) transformados en turbantes.
   (c) bordados.
   (d) pintados.

9. Entre los convidados, había tres viejecitas
   (a) feas.
   (b) altas.
   (c) bajas.
   (d) gordas.

10. Las ánimas
    (a) cantaron.
    (b) prepararon el banquete.
    (c) bailaron.
    (d) desaparecieron.

B.   Conteste con frases completas.

1. ¿Por qué iban al Nuevo Mundo muchos españoles?
2. ¿A quiénes se les llamaba indianos?

3. ¿Qué temía la viejecita?

4. ¿Quién llegó al pueblo de la viejecita?

5. ¿Quién visitó al indiano?

6. ¿Quería el indiano conocer a la sobrina?

7. Según la tía, ¿cuáles eran los tres talentos de su sobrina?

8. Cuando la sobrina estaba llorando, ¿quiénes le aparecieron?

9. ¿Cómo ayudaron a la sobrina las ánimas?

10. ¿Qué creyó el indiano acerca de su novia?

C. ¿Cuál es la palabra que no pertenece a cada grupo?

1. hilar, bordar, coser, cantar

2. novia, nueva, tía, sobrina

3. ojo, hoja, garganta, dedo

4. mar, océano, marchar, playa

5. siglo, semana, mes, mesa

6. alegre, contento, alegría, feliz

Un hoy vale más que dos mañanas.

Antes que te cases, mira lo que haces.

18 | La dama de piedra

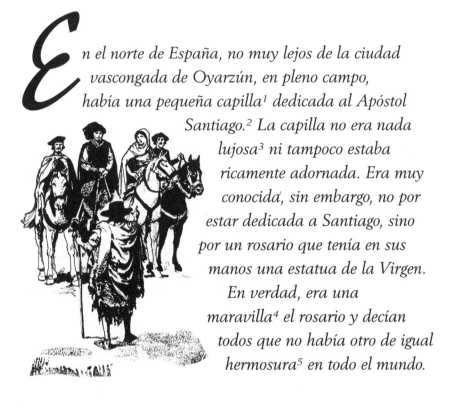

En el norte de España, no muy lejos de la ciudad vascongada de Oyarzún, en pleno campo, había una pequeña capilla¹ dedicada al Apóstol Santiago.² La capilla no era nada lujosa³ ni tampoco estaba ricamente adornada. Era muy conocida, sin embargo, no por estar dedicada a Santiago, sino por un rosario que tenía en sus manos una estatua de la Virgen. En verdad, era una maravilla⁴ el rosario y decían todos que no había otro de igual hermosura⁵ en todo el mundo.

En una ocasión, pasó cerca de esta capilla de Oyarzún un grupo de gente a caballo. Entre ellos, había una señora francesa de alta nobleza. Un joven caballero francés servía de guía⁶ al grupo. Él y la dama, mientras caminaban, charlaban y se reían para distraerse de⁷ las incomodidades⁸ y el cansancio⁹ del viaje. De repente, la dama vio entre los árboles una capilla y gritó al joven:

—¡Mira, ahí hay una capilla! Vamos tú y yo y entremos a descansar un rato. No puedo seguir más; estoy cansadísima.

---

¹**capilla** chapel   ²**Santiago** Saint James (patron saint of Spain)   ³**lujosa** luxurious
⁴**maravilla** marvelous thing   ⁵**hermosura** beauty   ⁶**guía** guide   ⁷**distraerse de** take
their minds off   ⁸**incomodidades** inconveniences   ⁹**cansancio** weariness

Esto le extrañó[10] un poco al caballero porque sabía que la dama era persona de poca fe[11] y respeto religioso. Pero, como él también estaba cansado y quería escapar del calor español, asintió.[12]

Ordenando a toda la gente a que se parara, los dos se dirigieron a la capilla y entraron en la oscuridad de su interior.

—¡Ay, cómo estoy cansada! —dijo la dama— ¡Y qué fresco[13] está aquí adentro!

—Sí —dijo el caballero—, sí es buen lugar para descansar. ¡Pero está muy oscuro!

Después de un rato, los ojos de la dama se acostumbraron[14] a la poca luz que había en la capilla y se fijaron en[15] el rosario que estaba en las manos de la estatua de la Virgen.

—¡Qué bonitas joyas! —exclamó la dama— Son las más hermosas que he visto en mi vida. Tienen que ser mías, ¿entiendes? ¡Cógemelas![16]

—Señora —contestó el caballero—, estas joyas son sagradas.[17] ¿Por qué las quiere? Si usted puede mandar a cualquier joyero[18] que le haga un rosario mucho más bonito que éste. Perdone, pero usted no sabe lo que me está pidiendo.

—Tienes miedo, ¿no? —respondió la dama— Tú, el caballero... y tienes miedo. Si no me das el rosario, sagrado o no, yo misma lo voy a coger.

Y en el acto, ante los ojos atónitos del caballero, subió al altar donde estaba la estatua de la Virgen, cogió el rosario y lo escondió en un bolsillo[19] de su falda.[20] Sin la más mínima vergüenza,[21] salió de la capilla seguida por el caballero. Él no podía creer lo que acababa de ver.[22] La dama montó en su caballo y se dirigió hacia los otros viajeros. El caballero hizo lo mismo.

Él se reprochaba[23] interiormente su falta[24] de valor al haber consentido el robo de la capilla. No quiso hablar. Pero la dama, una vez que todos se pusieron en marcha, empezó la conver-

---

[10]**extrañó** seemed strange   [11]**fe** faith   [12]**asintió** agreed   [13]**fresco** cool, fresh
[14]**se acostumbraron** became accustomed to   [15]**se fijaron en** noticed   [16]**Cógemelas** Get them for me   [17]**sagradas** sacred   [18]**joyero** jeweler   [19]**bolsillo** pocket   [20]**falda** skirt   [21]**Sin...vergüenza** Not the least ashamed   [22]**lo...ver** what he had just seen
[23]**se reprochaba** reproached himself   [24]**falta** lack

sación tan alegre como antes. Hasta estaba orgullosa[25] de lo que había hecho.

En el camino, llegando hacia ellos, apareció un viejecillo vestido muy pobremente. Al llegar ante la dama y los otros viajeros, gritó con voz grave y profunda:

—¡Alto a los caminantes!

A pesar de que la figura del viejo no podía inspirar miedo, algunos de los hombres del grupo sacaron sus espadas.

El anciano no se calló, sino que habló con voz fuerte a los señores del grupo:

—De ustedes no pido nada, absolutamente nada. Es con la señora con quien tengo que hablar.

Y luego, volviéndose a la dama, añadió:[26]

—Le pido a usted, señora, que devuelva[27] el rosario que acaba de robar a la Virgen.

La dama se puso pálida, más de ira que de miedo, y negó el robo con soberbia.[28]

—¿Qué dice este hombre? No he robado nada a nadie. Este viejo está loco. No sabe lo que dice.

Pero el viejito respondió:

—Yo sé que es usted quien ha robado ese rosario.

Pero ella, furiosa y fuera de sí, exclamó:

—¡Que me convierta en[29] piedra si no es verdad lo que digo!

Y, al momento de pronunciar[30] estas palabras, la dama se convirtió en roca.

Todavía hoy, puede verse una lápida[31] con la figura de una mujer a caballo cerca de la capilla.

---

[25]**orgullosa** proud   [26]**añadió** he added   [27]**devuelva** return   [28]**soberbia** excessive pride   [29]**Que me convierta en** May I turn into   [30]**pronunciar** pronounce   [31]**lápida** slab of stone

EJERCICIOS

A. Termine las frases con las palabras apropiadas.

1. No muy lejos de Oyarzún había
   - (a) un castillo.
   - (b) una zapatería.
   - (c) una pequeña capilla.
   - (d) una feria.

2. La capilla era conocida por
   - (a) su rosario.
   - (b) su puerta de oro.
   - (c) sus hermosas ventanas.
   - (d) su torre.

3. Había una estatua de la Virgen que tenía en sus manos
   - (a) una cruz.
   - (b) un libro.
   - (c) joyas hermosas.
   - (d) un rosario.

4. Pasó cerca de esta capilla
   - (a) gente a caballo.
   - (b) un soldado.
   - (c) un monje corriendo.
   - (d) una mujer guerrera.

5. En el grupo, había
   - (a) un juez.
   - (b) una señora francesa.
   - (c) un pirata.
   - (d) dos estudiantes.

6. Los ojos de la dama se fijaron en
   (a) una araña.
   (b) las candelas.
   (c) el rosario.
   (d) una pintura.

7. La señora subió
   (a) a un árbol.
   (b) las escaleras.
   (c) al altar.
   (d) al jabalí.

8. Cogió el rosario y lo escondió en
   (a) su bolsillo.
   (b) sus zapatos.
   (c) su pelo.
   (d) su blusa.

9. La dama adoptó una actitud
   (a) triste.
   (b) cariñosa.
   (c) soberbia.
   (d) humilde.

10. La dama se convirtió en
   (a) diamantes.
   (b) roca.
   (c) oro.
   (d) plata.

B. Conteste con frases completas.

1. ¿A quién estaba dedicada la pequeña capilla?
2. ¿Por qué era conocida la capilla?
3. ¿Había otros rosarios de igual hermosura?
4. ¿Era pobre la señora francesa?

5. ¿Quiénes entraron en la capilla para descansar?

6. ¿Dónde estaba el rosario?

7. ¿Quién robó el rosario?

8. ¿Quién gritó: "Alto a los caminantes"?

9. ¿Qué negó la dama?

10. ¿Qué exclamó la dama?

C. ¿Indican estas palabras una persona, una cosa o un lugar?

1. espada

2. guía

3. zapatería

4. torre

5. caudillo

6. cárcel

7. capilla

8. vecino

9. sangre

10. joyero

11. joya

12. admirador

13. moneda

14. museo

15. trabajadores

D. ¿Cuál es el nombre o adjetivo que corresponde a estos verbos?

1. cantar

2. cruzar

3. pasar

4. caminar

5. gritar

6. oscurecer

7. vivir

8. salir

9. trabajar

10. viajar

11. vestir

12. robar

13. ayudar

14. invitar

15. querer

Vocabulario español-inglés

All words that appear in the text are included here, except for exact or very close cognates, definite articles, some pronouns, cardinal numbers, and names of people, places, months, and days.

The following abbreviations are used:

abbrev., abbreviation
adj., adjective
adv., adverb
art., article
conj., conjunction
dim., diminutive
f., feminine
irreg., irregular
m., masculine
n., noun

obj., object
p.p., past participle
pl., plural
poss., possessive
prep., preposition
pres. p., present participle
pron., pronoun
sing., singular
v., verb

Gender is shown for all nouns, except masculine nouns that end in **-o,** feminine nouns that end in **-a,** or nouns referring to male or female beings. Irregular verbs are marked with *(irreg.).* Stem-changing verbs have the change indicated in parentheses: **cerrar (ie), contar (ue), pedir (i).** Verbs like **conocer** have **(zc)** in parentheses. Verbs like **construir** have **(y)** in parentheses.

A

a to, at, in, on, by
abandonar to abandon, leave
abrazar (c) to embrace
abrazo embrace
abrir to open; **abierto, -a** *(p.p. & adj.)* opened
absoluto, -a *(adj.)* absolute; **absolutamente** *(adv.)* absolutely
absorber to absorb; **absorto, -a** *(p.p. & adj.)* absorbed
abundante *(adj.)* abundant
abundar to abound
abuso abuse, misuse
acabar(se) to finish, end; **acabar de** to have just

acariciar to caress, pet; **acariciando** *(pres. p.)* petting
acción *(f.)* action
aceptar to accept
acerca de *(prep.)* concerning, about
acercarse (qu) (a) to approach
acompañar to accompany
aconsejar to advise
acordar to agree; **lo acordado** what has been agreed
acordarse (ue) (de) to remember
acostarse (ue) to go to bed, lie down
acostumbrarse (a) to become accustomed to

actitud *(f.)* attitude
acto act; **en el acto** instantly
acusar to accuse
adaptar to adapt
adelante *(adv.)* forward, ahead; **en adelante** from now on, henceforth
además *(adv.)* besides; **además de** *(prep.)* besides
adentro *(adv.)* inside, within
adiós good-bye
admirador, -a *(m. & f.)* admirer
admirar to admire; **admirado, -a** *(p.p. & adj.)* admired, puzzled, surprised, in awe
¿adónde? (to) where?
adornar to adorn; **adornado, -a** *(p.p. & adj.)* adorned
advertir (ie, i) to warn
afecto affection
afortunadamente fortunately
afuera *(adv.)* outside
agonía agony
agradar to please, like
agradecer (zc) to thank, be grateful for
agradecimiento gratitude
agua water
ahí there
ahora now; **ahora mismo** right now
aire *(m.)* air
al (a + el) to the, at the
al + *inf.* upon + -*ing* verb
Alá Allah
alarmar to alarm
alcalde *(m.)* mayor
alegrar(se) to make happy, be happy
alegre *(adj.)* happy, glad
alegría happiness, joy, gladness
alejar to move something away; **alejarse** to go away, move away
alemán, -ana *(adj. & n.)* German
algo something
alguno (algún), -a *(adj.)* some, any
alhaja jewel

alianza wedding ring
alimento food
alma soul, spirit
alrededor (de) around, about
alto, -a *(adj.)* high, upper; loud (of a voice); **¡alto!** stop! halt!
allí there
alumno, -a pupil, student
amable *(adj.)* kind, nice, amiable; **amablemente** *(adv.)* kindly
amar to love
amargamente *(adv.)* bitterly
amarillo, -a *(adj.)* yellow
amigo, -a friend
amistad *(f.)* friendship
amo master, owner
amor *(m.)* love
anciano, -a *(adj.)* old, aged; *(n.)* old man, old woman
ángel *(m.)* angel
angosto, -a *(adj.)* narrow
anillo ring
ánimo, -a *(n.)* spirit
anoche *(adv.)* last night
ansiosamente *(adv.)* anxiously
ante *(prep.)* before, in front of, in the presence of
antes *(adv.)* first, before, previously; **antes de** *(prep.)* before; **antes (de) que** *(conj.)* before
anterior *(adj.)* previous, before
antiguo, -a *(adj.)* old, ancient
añadir to add
año year
aparecer (zc) to appear
apellido surname
apenas *(adv.)* hardly, scarcely; *(conj.)* as soon as
apóstol *(m.)* apostle, religious leader
apreciar to appreciate
aprender to learn
apresurar(se) to hurry, hurry up
aprisa *(adv.)* quickly, hurriedly
apropiado, -a *(adj.)* appropriate
apurarse to hurry

aquel, -lla, -llo, -llos, -llas *(adj.)*
that, those (over there); **en aquel
entonces** at that time
aquí *(adv.)* here
árabe *(adj.)* Arabic; *(n.)* Arab
araña spider
árbol *(m.)* tree
arco arch, bow
arma weapon, arm
armadura armor
armar to arm
arquitecto architect
arrastrar to pull, drag
arriba above, over, up
arrimar to move up, bring close
arrimar(se) to draw close, draw
near
Artá village in Mallorca
arte *(m. & f.)* art, skill
artesano artisan, craftsman
artista *(m. & f.)* artist
arzobispo archbishop
asegurar to assure, ensure
asentir (ie, i) to agree
asesino, -a assassin
así *(adv.)* so, thus, in this or that
manner
asiento seat
asistir (a) to attend
astro star, planet
astronomía astronomy
asturiano, -a Asturian
asunto matter, subject
asustar to frighten
atajo shortcut
atención *(f.)* attention, kindness;
poner atención to pay attention
atender (ie) to wait on, take care
of, pay attention
atónito, -a *(adj.)* amazed,
astonished
atraer to attract
atrás *(adv.)* back(ward), behind
atrever(se) (a) to dare, dare to
aun *(adv.)* even
aún *(adv.)* yet, still

aunque *(conj.)* although
avanzar to advance
avaro, -a *(adj.)* greedy, miserly;
(n.) miser
ave *(f.)* bird
aventura adventure
avisar to notify, inform, warn
¡ay! oh!, woe!
ayuda help
ayudar (a) to help
azar *(m.)* luck, fortune, destiny

B

bahía bay, harbor
bailar to dance
bajar to get down, get out, come
down, go down to, descend
balcón *(m.)* balcony
bajo, -a *(adj.)* low, short, soft
(of a voice)
bajo *(prep.)* under
Baleares Spanish islands in the
Mediterranean Sea
banquete *(m.)* banquet
bañar(se) to bathe, go for a swim
barba beard
barco boat, ship
bastar to be enough, suffice
batalla battle
batallón *(m.)* battalion
Belén Bethlehem
belleza beauty
bello, -a *(adj.)* beautiful
bendecir (i, j) to bless; ¡Que Dios
bendiga! May God bless!
bendito, -a *(p.p. & adj.)* blessed,
fortunate
beneficio benefit, profit
bien well, good; está bien (it's) all
right
bienvenido, -a *(adj.)* welcome
blanco, -a *(adj.)* white
blandir to brandish, wield
boca mouth
boda marriage, wedding

bolsa purse, bag
bolsillo pocket
bondad *(f.)* goodness, kindness
bondadoso, -a *(adj.)* good, kind
bonito, -a *(adj.)* pretty
bordar to embroider
borracho, -a *(adj.)* drunk, *(n.)* drunkard
bosque *(m.)* woods, forest
brazo arm
brida bridle
brillante *(adj.)* brilliant, bright, shining; *(m. n.)* diamond
brillar to shine
broche *(m.)* brooch, pin
bueno (buen), -a *(adj.)* good, fine
bulto bundle
busca search
buscar (qu) to look for

C

caballero gentleman; knight
caballo horse
cabeza head; **a la cabeza de** at the head of, heading, leading
cabo end
cabra goat
cada each
caer(se) *(irreg.)* to fall, fall down
cálculo calculation, estimate
calentura fever
calor *(m.)* heat, warmth
callar(se) to be silent, keep quiet
callado, -a *(p.p. & adj.)* quiet, silent
calle *(f.)* street
cama bed
cambiar to change, exchange
cambio change, exchange; **a cambio de** in exchange for; **en cambio** on the other hand
caminante *(m. & f.)* walker, traveler
caminar to walk
camino road; **ponerse en camino** to set out

camisa shirt
campamento encampment
campana bell
campo country, field, camp; **campo de batalla** battlefield
candelero candlestick
cansado, -a *(p.p. & adj.)* tired
cansadísimo, -a *(adj.)* very tired
cansancio weariness, fatigue
cántaro jug, pitcher; **llover a cántaros** to rain bucketsful
cantidad *(f.)* amount, quantity
capa cape
capaz *(adj.)* capable
capilla chapel
capital *(f.)* capital (city)
capitán *(m.)* captain
capricho whim
cara face
cárcel *(f.)* prison, jail
carecer (zc) to lack
cargar (gu) to carry (a load)
cargado, -a (de) *(p.p. & adj.)* loaded (down) with
caricia caress
cariño affection
cariñoso, -a *(adj.)* affectionate
carpintero carpenter
casa house, home; **a casa** home
casar(se) (con) to marry
casco helmet
casi *(adv.)* almost
casita little house
castigar (gu) to punish
castellano, -a *(adj.)* Castilian
castillo castle
causa cause; **a causa de** because of
cautivo captive
cazar (c) to hunt
caudillo leader, chief
celebrar to celebrate
centenar *(m.)* one hundred
centinela *(m.)* sentinel
cerca (de) *(adv.)* near; *(prep.)* close to

cercano, -a *(adj.)* nearby, neighboring
cerdo pig
cerrar (ie) to close
cesar to cease, stop
chaleco vest
chaqueta jacket
charla conversation, chatter
charlar to chat
chico, -a *(adj.)* little; *(n.)* little boy, little girl, child, kid
chillido shriek
chisme *(m.)* gossip
choque *(m.)* shock, clash
cielo sky, heaven
ciencia science
cien, ciento *(adj.)* hundred
cierto, -a *(adj.)* certain
cimbra wooden frame for supporting an arch
cita date, appointment
ciudad *(f.)* city
clase *(f.)* kind, class, classroom
cocina kitchen
cocinero, -a cook
coche *(m.)* coach, car
cofre *(m.)* coffer, jewel box
coger (j) to take, gather, pick up
cola tail
colegio school, college
colgar (gu, ue) to hang (up)
colonización *(f.)* colonization
colocar to place, put
color *(m.)* color
colorado, -a *(adj.)* red
columna column
combinación *(f.)* combination
combinar to combine, unite
comenzar (ie, c) to begin
comer to eat
comerciante *(m.)* merchant
cometer to commit
comida food, meal
como as, like, since
¿cómo? how?, what?; **cómo no** why, of course

compañero, -a *(n.)* companion
compasión *(f.)* compassion
compasivo, -a *(adj.)* compassionate, sympathetic
compatriota *(m. & f.)* compatriot
complacer (zc) to please
complaciente *(adj.)* pleasing, kind
completo, -a *(adj.)* complete
comprar to buy; **comprarse** to buy for oneself
comprender to understand
comprensivo, -a *(adj.)* understanding
con with
conceder to grant
conde *(m.)* count
condesa countess
confundir to confound, confuse
confesar (ie) to confess
confianza trust, confidence
confiar to trust, confide
conflicto conflict
confusión *(f.)* confusion
confuso, -a *(adj.)* confused
conmover (ue) to move, affect (with emotion)
conmovido, -a *(p.p. & adj.)* moved
conocer (zc) to know, get to know
conocido, -a *(adj.)* well known
conquistador *(m.)* conqueror, conquistador
conquistar to conquer
conseguir (i) to get, achieve; **conseguirse** to get for oneself, obtain
consentir (ie, i) to consent, agree
considerar to consider
consigo with him(self), her(self), it(self), them(selves)
constante *(adj.)* constant
construcción construction
construir (y) to construct
consuelo consolation, comfort
contar (ue) to tell, count, relate
contemplar to contemplate, gaze at

contener(se) *(irreg.)* to contain oneself

contento, -a *(adj.)* happy, glad

contestación *(f.)* answer

contestar to answer

continuar to continue

contra *(prep.)* against

contribuir (y) to contribute

convento convent, monastery

conversación *(f.)* conversation

conversador, -a *(adj.)* talkative

convertir (ie, i) to convert, transform; **convertirse en** to turn into

convidado, -a *(n.)* guest

convidar to invite

corazón *(m.)* heart

correcto, -a *(adj.)* correct

correr to run

corresponder to correspond

cortar to cut

corte *(f.)* royal court

cortés *(adj.)* courteous, polite; **cortésmente** *(adv.)* courteously

cortesía courtesy, politeness

cortina curtain

corto, -a *(adj.)* short

cosa thing

cosecha crop, harvest

coser to sew

cosmopolita *(m. & f. adj.)* cosmopolitan

costa coast

costumbre *(f.)* custom, habit; **ser costumbre** to be customary

creer *(irreg.)* to believe

Creta Crete, an island belonging to Greece

criado, -a *(n.)* servant

crimen *(m.)* crime

cristiano, -a *(adj. & n.)* Christian

Cristóbal Colón Christopher Columbus

cruz *(f.)* cross

cruzar (c) to cross

cuadro painting, picture

cuadrúpedo quadruped, four-legged

cual; el cual, la cual, los cuales, las cuales which

¿cuál? which (one)?, what?

cualquier, -a any

cuando when

¿cuándo? when?

¿cuánto, -a? how much?; **¿cuántos, -as?** how many?

cuarto room, bedroom

cubrir to cover

cubierto, -a *(p.p. & adj.)* covered

cuenta account; **darse cuenta (de)** to realize

cuento story, tale

cuerda string; **cuerdas vocales** vocal cords

cuerpo body

cuervo crow

cueva cave

cuidado care; **tener cuidado (con)** to be careful (with)

cuidadoso, -a *(adj.)* careful; **cuidadosamente** *(adv.)* carefully

cuidar(se) to take care, take care of

culpa blame, fault

cultura culture

cumplir (con) to carry out, accomplish, comply; **cumplir una promesa** to keep a promise; **cumplir uno con su palabra** to keep one's word; **cumplirse (un plazo)** to expire

cura *(m.)* priest

curar to cure

curioso, -a *(adj.)* curious

curso course

cuyo, -a, -os, -as whose

D

dama lady

dar *(irreg.)* to give; strike (the hour), hit; **darse cuenta (de)** to realize; **darse por vencido, -a** to yield, give up, surrender

de *(prep.)* of, off, from, with, by, about, than, away from

debajo (de) *(prep.)* under, underneath, beneath

deber *(m.)* duty; *(v.)* to have to, must, should, ought to

debido, -a *(p.p. & adj.)* due, owing; **debido a** due to

decidir to decide

decir *(irreg.)* to say, tell; **dicho** *(p.p.)* said; **diciendo** *(pres. p.)* saying; **se dice** it is said

declarar to declare

dedicar (qu) to dedicate

dedicado, -a *(p.p. & adj.)* dedicated, devoted

dedo finger

dejar to leave, let; **dejar de** to stop (doing something)

del (de + el) of the, (away) from the

delantal *(m.)* apron

delante (de) in front of, before

delicadeza delicacy, delicateness

demás *(adj.)* the rest of, other; *(pron.)* the rest, the others

dentro *(adv.)* inside, within, in; **dentro de** *(prep.)* inside (of), in, within

derrota defeat

desaparecer (zc) to disappear, vanish

desaparecido, -a *(p.p. & adj.)* disappeared, vanished

desayunar(se) to eat breakfast

descansar to rest; **descanso** *(n.)* rest

descendiente *(m. & f. n.)* descendant; *(adj.)* descending

desconsolado, -a *(adj.)* inconsolable

describir *(irreg.)* to describe

descrito, -a *(p.p. & adj.)* described

descubrir to discover, uncover

descubierto, -a *(p.p. & adj.)* discovered, uncovered

desde from, since

desdén *(m.)* disdain, contempt

desdichado, -a *(adj.)* unfortunate

desear to wish, desire

deseo wish, desire

desesperar(se) to despair

desgracia misfortune

desierto desert

desmayarse to faint

desnudo, -a *(adj.)* naked

despachar to send

despedir(se) (i) (de) to take leave of, dismiss, say good-bye to

despertar(se) (ie) to wake up

después *(adv.)* afterwards, then, later; **después de** *(prep.)* after

destacarse (qu) to distinguish oneself, to stand out

detrás *(adv.)* behind, in the back; **detrás de** *(prep.)* behind, in the back of

devoción *(f.)* devotion

devolver (ue) to return, give back

devoto, -a *(adj.)* devout

día *(m.)* day; **hoy en día** nowadays

diabólico, -a diabolic

diagonal *(adj.)* diagonal

dibujo drawing; **dibujito** little drawing

diente *(m.)* tooth

diferente different

difícil *(adj.)* difficult

dificultad *(f.)* difficulty

digno, -a *(adj.)* worthy

dinero money

Dios God

dirección *(f.)* direction, address

directo, -a *(adj.)* direct, straight

dirigir (j) to direct; **dirigirse (j) (a)** to turn to, make one's way, address (someone)

discreto, -a *(adj.)* discreet

disponer *(irreg.)* to dispose, arrange

distinguir(se) *(irreg.)* to distinguish (oneself)

distinto, -a *(adj.)* distinct, different

distraer(se) *(irreg.)* to amuse oneself, distract oneself

doble *(adj.)* double
docena dozen
doler (ue) to ache, hurt
dolor *(m.)* pain
dominar to dominate, control, tame
don *(m.);* **doña** *(f.)* titles of nobility used before a first name
doncella young woman
donde *(conj.)* where; **¿dónde?** where?; **¿adónde?** (to) where?; **¿de dónde?** (from) where?
dormir (ue) to sleep; **dormirse** to fall asleep
dormitorio bedroom
duda doubt
dueño, -a *(n.)* owner
dulce *(adj.)* sweet; *(m. n.)* candy
durante *(prep.)* during
durar to last
duro, -a *(adj.)* hard, rough, tough; **duro** *(n.)* old Spanish coin of small value

E

e and (in place of **y** before a word beginning with **i** or **hi**)
eco echo
echar to drop, throw (out)
edad *(f.)* age
edicto edict, decree
educación *(f.)* education; manners
educado, -a educated, well-mannered
efecto effect, consequence; **en efecto** indeed, as a matter of fact
ejemplo example; **por ejemplo** for example
ejército army
él *(pron.)* he, it, him
elemento element
ella *(pron.)* she, it, her
ellos, -as *(pron.)* they, them
embarcar (qu) to embark
embargo impediment; **sin embargo** nevertheless, however

emoción *(f.)* emotion
emocionado, -a *(p.p. & adj.)* excited, moved
empedrado, -a cobbled
empeorar to get worse
empezar (ie, c) to begin
en *(prep.)* in, into, on, onto, at, upon
encargar (gu) to put in charge, entrust, commission
encargado, -a *(p.p. & adj.)* entrusted, in charge
enamorarse (de) to fall in love (with)
encender (ie) to set fire to, light up; **encenderse** to catch on fire, light (up)
encerrar (ie) to lock up
encontrar (ue) to find, meet; **encontrarse** to be located; **encontrarse con** to meet, run into
encorvar to curve, bend
encorvado, -a *(p.p. & adj.)* bent, hunchbacked
enemigo, -a *(n.)* enemy
enfermar(se) to become ill
enfermo, -a *(adj.)* sick, ill
ensillar to saddle
entender (ie) to understand
enterarse (de) to learn, find out
entonces *(adv.)* then; **en aquel entonces** at that time
entrada entrance
entrar to enter, go in, come in
entre *(prep.)* among, between
entregar (gu) to deliver, hand over, surrender
entristecido, -a *(p.p. & adj.)* saddened
enviar to send
envolver (ue) to wrap, envelop
envuelto, -a *(p.p. & adj.)* wrapped, enveloped
era, eran (ser) was, were
error *(m.)* error, mistake
escabullirse to escape, evade

escalera stairs, stairway
escapar(se) to escape
escena scene
esclavo, -a slave
escoger (j) to choose
escogido, -a *(p.p. & adj.)* chosen
esconder to hide; escondido, -a
 (p.p. & adj.) hidden
escondite *(m.)* hiding place
escribir to write; escrito, -a *(p.p. &*
 adj.) written
escuchar to listen (to)
escudo shield
ese, -a *(adj.)* that (near you); esos,
 -as those (near you)
ése, -a, -os, -as *(pron.)* that one,
 those (near you)
eso that (in general), that (thing);
 por eso therefore, that's why
espacio space
espada sword
espalda back; de espaldas with
 back turned
España Spain
español, -a *(adj.)* Spanish; *(n.)*
 Spaniard, Spanish man, Spanish
 woman
especial *(adj.)* special;
 especialmente *(adv.)* especially
esperanza hope
esperar to hope, wait (for), expect
espina thorn, spine
espléndido, -a *(adj.)* splendid
esplendor *(m.)* splendor
esposa wife
esposo husband
esquina corner
establo stable, barn
estar *(irreg.)* to be; estar bien to be
 well; estar de acuerdo to agree;
 estar por to be about to
estatua statue
este, -a *(adj.)* this; estos, -as these
éste, -a; -os, -as *(pron.)* this one;
 these
este *(m.)* east

Esteban Stephen, Steve
estimular to stimulate, excite
esto *(pron.)* this
estocada stab
estudiante *(m. & f.)* student
estudiar to study
estúpido, -a *(adj.)* stupid
examinar to examine
excelente *(adj.)* excellent
excepción *(f.)* exception
excepcional exceptional
excepto *(adv.)* except
excitar to excite
exclamar to exclaim
existir to exist
explicación *(f.)* explanation
explicar (qu) to explain
expresar to express
expresión *(f.)* expression
expulsar to expel, drive out
exquisitez *(f.)* exquisiteness
exquisito, -a *(adj.)* exquisite
extranjero, -a *(adj.)* foreign; *(n.)*
 foreigner, stranger
extrañar to seem strange, be
 surprising; to miss; extrañarse
 to be surprised, wonder
extraño, -a *(adj.)* strange
extraordinario, -a *(adj.)*
 extraordinary

F

fácil *(adj.)* easy; fácilmente *(adv.)*
 easily
falda skirt
falta lack
fama fame
familia family
famoso, -a *(adj.)* famous
fantástico, -a *(adj.)* fantastic
fatiga fatigue
fatigado, -a *(p.p. & adj.)* fatigued,
 weary
favorito, -a *(adj.)* favorite
fe *(f.)* faith

felicidad *(f.)* happiness
felicitar to congratulate; **felicitarse** to congratulate oneself
feliz *(adj.)* happy
fenicio, -a *(adj. & n.)* Phoenician
feo, -a *(adj.)* ugly
feria fair
Fernando Ferdinand
feroz *(adj.)* fierce, ferocious
fiarse de to trust
fiel *(adj.)* faithful; **fielmente** *(adv.)* faithfully
fiesta feast, festival, holiday, party
figura figure, shape
fijar to fix, set; **fijarse (en)** to notice
fijo, -a *(adj.)* fixed, set
fin *(m.)* end; **al fin, por fin** finally, at last; **al fin y al cabo** after all
fino, -a *(adj.)* fine, thin
firmar to sign
flecha arrow
flor *(f.)* flower
forma form, shape
formar to form
fortuna fortune, luck
francés, francesa *(adj.)* French; *(n.)* Frenchman, French woman
Francia France
frase *(f.)* phrase
fresco, -a *(adj.)* cool, fresh
fruta fruit
fuego fire
fuente *(f.)* source, fountain
fuera *(adv.)* out, outside; **fuera de sí** beside oneself
fuerte *(adj.)* hard, loud, strong
fuerza force, strength
fundar to found
furia fury
furioso, -a *(adj.)* furious

G

galope *(m.)* gallop; **a galope, al galope** at a gallop; **a todo galope** at full gallop

ganar to earn, gain
garganta throat
gastar to spend
generosidad *(f.)* generosity
generoso, -a *(adj.)* generous
gente *(f.)* people
geográfico, -a *(adj.)* geographic
gesto gesture
gitano, -a *(adj. & n.)* gypsy
gordo, -a *(adj.)* fat
gozar (c) (de) to enjoy
gozo pleasure
gracias thanks, thank you
granada pomegranate
grande, gran *(adj.)* large, great, big
gratitud *(f.)* gratitude
grave *(adj.)* grave, serious; **gravemente** *(adv.)* gravely, seriously
griego, -a *(adj. & n.)* Greek
gritar to shout
grito shout
grueso, -a *(adj.)* heavy, coarse
grupo group
gruta grotto, cave
guante *(m.)* glove
guapo, -a *(adj.)* handsome, good-looking
guardar to guard, keep
guerra war; **hacer (la) guerra, librar una guerra** to wage war
guerrero, -a *(adj.)* warring, bellicose; *(n.)* warrior
guía *(m. & f.)* guide, leader
guiar to guide
gustar to be pleasing, like
gusto pleasure; **con (mucho) gusto** with (great) pleasure, gladly

H

haber *(auxiliary v.)* *(irreg.)* to have; **hay** there is, there are; **no hay como** there's nothing like; **hubo** *(preterite)*, **había** *(imperfect)* there was, there were

habilidad *(f.)* ability, skill
habitación *(f.)* room, bedroom; **habitaciones** *(pl.)* (living) quarters
habitante *(m. & f.)* inhabitant
habla speech; **de habla hispana** Spanish-speaking
hablar to speak
hacer *(irreg.)* to do, make; **hace +** ***expression of time*** (expression of time) + ago; **hecho, -a** *(p.p. & adj.)* done, made
hacia *(prep.)* toward
hacienda farm, ranch
hallar to find
hambre *(f.)* hunger; **tener hambre** to be hungry
hambriento, -a hungry, starving
harapo rag
hasta *(prep.)* until, up to; *(adv.)* even; **hasta que** *(conj.)* until
haz do (familiar command form of **hacer**)
hecho *(n.)* deed; **hecho, -a** *(p.p. & adj.)* done, made
heredero, -a heir
herida wound
herir **(ie, i)** to wound; **herido, -a** *(p.p. & adj.)* wounded
hermano brother; **hermanito** little brother
hermoso, -a *(adj.)* beautiful
hermosura beauty
hija daughter
hijo son, child; **hijos** *(pl.)* sons, children
hilar to spin
historia history, story, tale
hoja leaf
hombre *(m.)* man
honra honor
honradez *(f.)* honesty
honrar to honor
hora hour
horrorizado, -a *(adj.)* horrified
hospitalario, -a *(adj.)* hospitable

hoy *(m.)* today; **hoy en día** nowadays
huérfano, -a *(adj. & n.)* orphan
huésped *(m.)* guest
huir **(y)** to flee; **huyendo** *(pres. p.)* fleeing
humilde *(adj.)* humble
humillado, -a *(p.p. & adj.)* humiliated
humo smoke
hundir to sink, plunge

I

ibérico, -a *(adj.)* Iberian
íbero, -a *(n.)* Iberian
idealista *(m. & f. adj.)* idealistic; *(m. & f. n.)* idealist
iglesia church
igual *(adj.)* equal, same
iluminar to light, illuminate
imagen *(f.)* image
imaginación *(f.)* imagination
imaginar(se) to imagine
impedir to impede, hinder
impedimento impediment, obstacle
impresionar to impress
incendiar to set fire to; **incendiarse** to catch on fire, burn
incendio fire
inclinación *(f.)* inclination, nod
inclinar(se) to bend (over), stoop
incomodidad *(f.)* inconvenience
inconsolable *(adj.)* inconsolable; **inconsolablemente** *(adv.)* inconsolably
increíble *(adj.)* incredible
independiente *(adj.)* independent
indiano, -a *(adj.)* pertaining to the West or East Indies; *(n.)* Spaniard who returns to Spain after living in Spanish America
Indias, las Indias (The) Indies
indicación *(f.)* indication
indicar **(qu)** to indicate

indigno, -a *(adj.)* unworthy
industrioso, -a *(adj.)* industrious
inesperado, -a *(adj.)* unexpected
infeliz *(adj.)* unhappy
infinitivo infinitive
Inmaculada Concepción
  Immaculate Conception
inmediatamente *(adv.)*
  immediately
inmenso, -a *(adj.)* immense
inmóvil *(adj.)* immovable,
  motionless
insistir to insist
instante *(m.)* instant; **al instante**
  at once
inteligente *(adj.)* intelligent
intención *(f.)* intention
intentar to try, attempt
interés *(m.)* interest
interesante *(adj.)* interesting
interesar to interest; **interesarse** to
  become interested; **estar**
  interesado, -a to be interested
interiormente *(adv.)* inwardly
inútil *(adj.)* useless
invadir to invade
invitar to invite; **invitado, -a** *(p.p. &*
  adj.) invited; *(n.)* guest
ir *(irreg.)* to go; **irse** to go (away);
  fue he, she, it went; **fueron** they
  went; **iba** he, she, it was going
ira anger
Irlanda Ireland
isla island
Islas Baleares Balearic Islands

J

jabalí *(m.)* wild boar
jai alai game played by two or four
  players with a long curved basket
  strapped to the wrist and a ball
  that is caromed off a wall
jardín *(m.)* garden
jardinero gardener
jefe *(m.)* chief, leader, boss

jorobado, -a *(adj.)* hunchbacked;
  (n.) hunchback
joven *(adj.)* young; *(n.)* young man,
  woman
joya jewel
joyería jeweler's shop, jewelry
joyero jeweler
judío, -a *(adj.)* Jewish; *(n.)* Jew
juego game
juez *(m.)* judge
juguete *(m.)* toy
junto, -a *(adj.)* together; **junto a**
  (prep.) next to, near, by
jurar to swear
justicia justice
justiciero upholder of justice

K

kilómetro kilometer (about 0.62
  miles)

L

la *(f. sing. art.)* the; *(pron.)* her, it,
  you; **las** *(f. pl. art.)* the; *(pron.)*
  them, you
labio lip
labrador *(m.)* farmer
lado side
lago lake
lágrima tear
lamento lament
lanza lance
lanzar(se) to fling (oneself), throw
  (oneself)
lápida stone slab
largo, -a *(adj.)* long; **larguísimo, -a**
  (adj.) very long, longest; **a lo**
  largo de *(prep.)* along,
  throughout
lástima pity; **¡qué lástima!** what a
  pity!
le *(sing. pron.)* (to) him, (to) her,
  (to) it, (to) you; **les** *(pl. pron.)*
  (to) them, (to) you

leal *(adj.)* loyal
leche *(f.)* milk
leer **(y)** to read
lejos *(adv.)* far, far away; **lejos de** *(prep.)* far from
lengua tongue, language
lentamente *(adv.)* slowly
levantar to raise, lift; **levantarse** to get up
ley *(f.)* law
leyenda legend
libertad *(f.)* liberty, freedom
librar to fight, wage (war)
libre *(m. & f. adj.)* free
libro book
lienzo linen cloth, canvas
ligero, -a *(adj.)* slight, light
lindo, -a *(adj.)* pretty, beautiful
lino flax
listo, -a *(adj.)* ready, smart
literatura literature
llamar to call, name; **llamarse** to be called, named
llegar **(gu)** to arrive; **al llegar** upon (on) arriving; **llegar a ser** to become
llenar **(de)** to fill (with)
lleno, -a *(adj.)* full
llevar to take, carry, wear
llorar to weep, cry
llover **(ue)** to rain; **llover a cántaros** to rain bucketsful
lluvia rain; **lluvioso, -a** *(adj.)* rainy
lo *(m. sing. pron.)* him, it, you; **los** *(m. pl. pron.)* them, you; **los** *(m. pl. art.)* the
lo que what, that which
loco, -a *(adj.)* crazy
lodo mud
lograr to achieve, obtain, be able to
lucha struggle, fight
luego *(adv.)* then, later, soon
lugar *(m.)* place
lujoso, -a *(adj.)* luxurious
luz *(f.)* light

M

madeja skein
madona Madonna (a representation of the Virgin Mary)
madre *(f.)* mother
maestro, -a *(m. & f.)* teacher, master
magnífico, -a *(adj.)* magnificent
majestad majesty; **Su Majestad** Your Majesty
mal *(m.)* evil
malo **(mal)**, -a *(adj.)* bad, evil
malla mail, mesh
Mallorca Majorca, largest of the Balearic Islands
mallorquín Majorcan
maltratar to mistreat
mandar to send, order
manera manner, way
mano *(f.)* hand
mantequilla butter
mañana *(adv.)* tomorrow; *(n.)* morning
mar *(m.)* sea
maravilla wonder, marvel
maravilloso, -a *(adj.)* wonderful, marvelous
marcar **(qu)** to mark
marcha march; **ponerse en marcha** to set out, start to move
marchar to go, march; **marcharse** to go away, get out
marinero sailor
marqués marquis
martes *(m.)* Tuesday
más more, most
matar to kill
matrimonio marriage
mayor older, bigger, greater; **el mayor** (the) oldest, (the) biggest, (the) greatest
me *(pron.)* (to) me, (to) myself, (for) me, (for) myself
mediados; **a mediados de** in the middle part of
médico, -a *(n.)* physician, doctor

medicina medicine
medio (n.) means; **por medio de** by means of
medio, -a (adj.) half
mediodía (m.) noon; **al mediodía** at noon
meditación (f.) meditation
Mediterráneo Mediterranean Sea
mejor (adj.) better, best; **a lo mejor** probably; **lo mejor que uno pudo** the best one could
menos (adj.) less, least; (adv.) less; (prep.) except (for)
mensajero messenger
mentira lie
mercado market
merecer (zc) to deserve, merit
mes (m.) month
mesa table
meseta mesa, high plain
mezcla mixture
mezclar to mix
mi, mis (poss. adj.) my
mí me (obj. of a prep.)
miedo fear
miembro member
mientras (que) while, whereas, as; **mientras tanto** (in the) meanwhile
mil a thousand
milagro miracle
mío, -a, -os, -as (poss. adj.) my, of mine; **el mío, la mía, los míos, las mías** (poss. pron.) mine
mirada glance, look
mirar to look, look at
misa mass
misericordia mercy
misión (f.) mission
misionero, -a (n.) missionary
mismo, -a (adj.) same, self, very
misterio mystery
mitad (f. n.) half, middle
modo manner, way; **de otro modo** otherwise; **de todos modos** in any case, anyway

molesto, -a (adj.) bothered, annoyed
momento moment
moneda money, coin, currency
monje (m.) monk
montaña mountain; **montaña arriba** up the mountain
montar to mount
monumento monument
moreno, -a (adj.) brown, brunette, dark
moribundo, -a (adj.) dying
morir(se) (ue, u) to die
muerto, -a (p.p. & adj.) dead, died, killed
morisco, -a (adj.) Moorish
moro, -a (adj.) Moorish; (n.) Moor
mortal (adj.) fatal, mortal
mosca fly
mover(se) (ue) to move
muchacha girl, young woman
muchacho boy, young man
mucho, -a (sing. adj.) much; **muchísimo, -a** (sing. adj.) very much; **muchos, -as** (pl. adj.) many; **mucho** (adv.) much, a lot, a great deal; **lo mucho que** how much
mudo, -a (adj. & n.) mute
muerte (f.) death
mujer (f.) woman, wife
mundo world
músculo muscle
museo museum
música music
muy (adv.) very

N

nacer (zc) to be born
nacimiento birth
nación (f.) nation
nada (indefinite pron.) nothing; **nada** (with a negative) anything; **de nada** you are welcome; **para nada** (not) at all

nadie no one, nobody; **nadie** *(with a negative)* anyone, anybody

nariz *(f.)* nose

narración *(f.)* narration, story

naturalmente *(adv.)* naturally

navegar (gu) to sail

Navidad *(f.)* Christmas

necesario, -a *(adj.)* necessary

necesidad *(f.)* necessity, need

necesitar to need, be necessary

negar (ie, gu) to deny; **negarse** to refuse

negro, -a *(adj.)* black

nervio nerve

ni neither, nor, not even

niñez *(f.)* childhood

ninguno (ningún), -a *(adj.)* no, not any; *(pron.)* none, any

niña girl, child

niño boy, child

no *(adv.)* no, not

noble *(adj.)* noble, illustrious; *(m. n.)* nobleman

nobleza nobility

noche *(f.)* night, evening; **de noche** at night

nombrar to name

nombre *(m.)* name

norte *(m.)* north

nos *(pron.)* (to) us, (to) ourselves

nosotros, -as we; *(obj. of a prep.)* ourselves

nota note

notar to notice, note, point out

noticia *(sing.)* piece of news, *(pl.)* news

novela novel

novia *(f. n.)* girlfriend, fiancée; **novio** *(m. n.)* boyfriend, fiancé

nublar to cloud, darken; **nublarse** to grow cloudy; to become overcast

nuestro, -a *(adj.)* our, of ours; **el nuestro, la nuestra, los nuestros, las nuestras** *(pron.)* ours

nuevo, -a *(adj.)* new; **de nuevo** again

Nuevo Mundo New World, Western Hemisphere

numéricamente *(adv.)* numerically

nunca *(adv.)* never

O

o or

obedecer (zc) to obey

obra work; **obra maestra** masterpiece

observar to observe

ocasión *(f.)* occasion

ocupar(se) to occupy (oneself); **ocuparse de** to take care of (a matter)

ocurrir to occur

odio hatred

oficialmente *(adv.)* officially, formally

ofrecer (zc) to offer

oído (inner) ear

oír *(irreg.)* to hear

ojo eye

olvidar to forget

onza ounce

oportunidad *(f.)* opportunity

opuesto, -a *(p.p. & adj.)* opposed, opposite

orden *(f.)* order, command

ordenar to order, put in order, arrange

orgullo pride; **orgulloso, -a** *(adj.)* proud

oriental *(adj.)* oriental, eastern

origen *(m.)* origin

orilla shore, bank; edge; **a orillas de** on (a body of water)

oro gold

oscuridad *(f.)* darkness

oscuro, -a *(adj.)* dark

otoño fall, autumn

otro, -a *(adj.)* other, another; **otra vez** again

oveja sheep
oyente *(m. & f.)* hearer

P

padrastro stepfather
padre *(m. sing.)* father; priest;
  padres *(pl.)* parents, priests
pagar **(gu)** to pay
país *(m.)* country
palabra word
palacio palace
pálido, -a *(adj.)* pale
pan *(m.)* bread
panadero, -a *(n.)* baker
par *(m.)* pair, couple
para to, for, in order to, for the
  purpose of
paralizado, -a *(adj.)* paralyzed
parapeto parapet
parar to stop, raise; **pararse** to
  stand (up), get up
parecer **(zc)** to seem; **parecerse a**
  to resemble, look like
pared *(f.)* wall
pareja couple, pair
pariente *(m. & f.)* relative (of the
  family)
parte *(f.)* part
partir to leave, depart
pasado, -a *(p.p. & adj.)* past, last
pasar to pass; go through, go by,
  spend (time), happen, take
  place
pasear(se) to take a walk, stroll
paso step, pass, passage; **paso**
  franco free passage, let (me)
  through
pastor *(m.)* shepherd
patria native country, fatherland
patrón *(m.)* boss, master
paz *(f.)* peace
pecho chest, breast
pedazo piece
pedir **(i)** to ask (for), request
pegar **(gu)** to hit, beat

pelear to fight
peligro danger
peligroso, -a *(adj.)* dangerous
península peninsula
pensamiento thought
pequeño, -a *(adj.)* small
pera pear
perder **(ie)** to lose; **perderse** to get
  lost; **estar perdido, -a** to be lost
perdón *(m.)* pardon, excuse me
pereza laziness
perezoso, -a *(adj.)* lazy
pergamino parchment
período period (of time)
permanecer **(zc)** to remain
permiso permission
permitir to permit
pero *(conj.)* but
perseguir **(i)** to pursue, chase
persona person
personaje *(m.)* character
pertenecer **(zc)** to belong
perro dog
pesar to weigh; **a pesar de** in spite
  of, even though
pescador *(m.)* fisherman
petición *(f.)* petition, request
picaresco, -a *(adj.)* picaresque,
  roguish
pícaro, -a *(adj.)* roguish; *(n.)* rogue,
  rascal
pie *(m.)* foot
piedra rock
pierna leg
pieza piece
pila; **nombre de pila** first name
pintar to paint
pintor *(m.)* painter
pintura painting
pirata *(m.)* pirate
piratería piracy
pisada footstep
placer *(m.)* pleasure
plano *(n.)* plan
plantar to plant
plata *(n.)* silver

plato dish, plate (of food)
playa beach
plazo deadline, time limit
pleno, -a *(adj.)* full, complete
pobre *(adj.)* poor; **pobremente** *(adv.)* poorly
pobreza poverty
poco, -a *(sing. adj.)* little (in amount); **poco a poco** little by little; **pocos, -as** *(pl. adj.)* few
poder *(irreg.)* to be able to, can, may
poner *(irreg.)* to put, place; **ponerse** to put on; become; place oneself; **ponerse a** + *inf.* to begin to + *inf.*; **ponerse en camino, ponerse en marcha** to set out
por by, for, through, along, during, for the sake of; **por eso** therefore, that's why; **por supuesto** of course
¿por qué? why?
porque because
poseer to possess, have
posible *(adj.)* possible
posición *(f.)* position
precio price
precioso, -a *(adj.)* precious, valuable
precisamente *(adv.)* precisely, exactly
preferir (ie) to prefer
pregunta question
preguntar to ask
premiar to reward
preparar to prepare
presentar to present, introduce; **presentarse** to present oneself
preso, -a prisoner
prestar to lend
prevenido, -a *(p.p. & adj.)* warned
primero (primer), -a *(adj.)* first; **primero** *(adv.)* first
primitivo, -a *(adj.)* primitive, original

princesa princess; **princesita** little princess
principal *(adj.)* principal, main
príncipe *(m.)* prince
principio beginning; **a principios de** at the beginning of
prisa haste; **de prisa** hurriedly, quickly
prisionero, -a prisoner
probar (ue) to prove, try
proclamar to proclaim
producir (zc) to produce
profesor, -a *(n.)* professor
profundo, -a *(adj.)* deep, profound
prometer to promise
prominente *(adj.)* prominent
pronto *(adv.)* soon, right away; **de pronto** *(adv.)* suddenly
pronunciar to pronounce
propio, -a *(adj.)* own
proponer *(irreg.)* to propose, suggest
propósito goal, objective, end
proteger(se) (j) to protect (oneself)
provincia province
providencial *(adj.)* providential
próximo, -a *(adj.)* next, near
publicar (qu) to publish
pueblo town, people
puente *(m.)* bridge
puerco pig
puerta door, entrance
pues for, well, then, since; **pues bien** very well, well then, so
puesta de sol sunset
puntualmente *(adv.)* punctually
puñal *(m.)* dagger
puñalada stab
puro, -a *(adj.)* pure

Q

que that, which, who, whom, than; **lo que** what, that which

¡que buen viento le acompañe! may a good wind accompany you!; **¡que Dios bendiga...!** may God bless . . . !

¿qué? what?, which?; **¿para qué?** why?, for what purpose?

¡qué! what!, how!

quedar(se) to stay, remain

quejarse (de) to complain (about)

quemar(se) to burn, burn up

querer *(irreg.)* to want, wish, like, love; **querer decir** to mean

querido, -a *(adj.)* beloved, dear

quien who, whom

¿quién? who?, whom?

quitar(se) to take off, take out, take away

R

ramillete *(m.)* bunch, bouquet

rápidamente *(adv.)* rapidly, fast

rapidez *(f.)* rapidity, speed

raro, -a *(adj.)* rare, strange

rato short time, while

rayo ray, beam

raza race

razón *(f.)* reason; **tener razón** to be right

realizar (c) to carry out, fulfill

recepción *(f.)* reception

recibir to receive

recién *(adv.)* recently, newly

recio, -a *(adj.)* heavy, coarse

recobrar to recover

recoger (j) to pick up, catch

recompensar to reward

reconocer (zc) to recognize

reconquista reconquest

reconstruir (y) to reconstruct, rebuild

recordar (ue) to remember

recto, -a *(adj.)* straight

recuerdo *(n.)* remembrance, souvenir

redondo, -a *(adj.)* round

reflejo reflection

regalar to give, present as a gift

regalo gift

regla rule

regresar to return

reina queen

reinado reign, kingdom

reír (i) to laugh; **reírse de** to laugh at, laugh about

relación *(f.)* relation

relámpago flash of lightning

relampaguear to emit flashes of lightning

relampagueo lightning

religión *(f.)* religion

religioso, -a *(adj. & n.)* religious

relucir (zc) to shine

remiendos patches

repente; de repente suddenly

repetir (i) to repeat

replicar (qu) to reply

representante *(m. & f.)* representative

reprochar to reproach; **reprocharse** to reproach oneself

rescate *(m.)* ransom

resolver (ue) to resolve, solve

resuelto, -a *(p.p. & adj.)* resolved, solved

respeto respect

responder to respond, answer

respuesta response, answer, reply

resto remainder, rest

retirar(se) to withdraw, seclude oneself

reunión *(f.)* meeting, gathering, reunion

reunir(se) to gather, meet, get together

rey *(m.)* king; **Tres Reyes Magos** Three Wise Men, Three Kings

rico, -a *(adj.)* rich; **ricamente** *(adv.)* richly

riesgo risk

río river

rival *(m. & f.)* rival

robar to steal, rob
roble *(m.)* oak tree
robo *(n.)* theft, robbery
roca rock
romano, -a *(adj. & n.)* Roman
romper to break; **roto, -a** *(p.p. & adj.)* broken
ronda patrol, watch
rosa rose
rosario rosary
ruido noise, sound
ruina ruin
ruta route

S

saber *(irreg.)* to know, know how, learn
sacar (qu) to take out, take off, take away, pull out
sacrificar(se) (qu) to sacrifice (oneself)
sagrado, -a *(adj.)* sacred, holy
salir *(irreg.)* to leave, come out, go out; **sal de aquí** get out of here
salón *(m.)* large room
saltón, -a *(adj.)* protruding, bulging
salud *(f.)* health
saludar to greet
salvar(se) to save (oneself)
salvador, -a *(adj.)* saving; *(n.)* savior
sangre *(f.)* blood
sangriento, -a *(adj.)* bloody
sano, -a *(adj.)* healthy, sane
Santiago Saint James, patron saint of Spain
santo, -a *(adj.)* holy; *(n.)* saint
satisfacer *(irreg.)* to satisfy
satisfecho, -a *(p.p. & adj.)* satisfied
satánico, -a *(adj.)* satanic, diabolic
se (to) oneself, (to) one, to him, to her, to you, to them
seco, -a *(adj.)* dry, dried
secretamente *(adv.)* secretly
secreto secret

sed *(f.)* thirst; **tener sed** to be thirsty
seguida; en seguida at once, immediately
seguir (i) *(irreg.)* to follow, continue
según according to, as
segundo, -a *(adj.)* second
seguro, -a *(adj.)* sure, safe, secured
semana week
sencillo, -a *(adj.)* simple
sentar(se) (ie) to sit down
sentir (ie, i) to feel, be sorry
señor sir, Mr., gentleman; *(abbrev.)* Sr.
señora lady, Mrs., madam; *(abbrev.)* Sra.
señorita Miss, young lady; *(abbrev.)* Srta.
ser *(irreg.)* to be
serio, -a *(adj.)* serious; **muy en serio** very seriously
Serra, Junípero (1713–1784) Spanish missionary who founded missions in California
servilleta napkin
servir (i) to serve; **servir de** to serve as
severo, -a *(adj.)* severe, stern
si *(conj.)* if, whether
sí *(adv.)* yes; **sí** *(pron.)* *(obj. of a prep.)* himself, herself, itself, yourself, yourselves, themselves
siempre *(adv.)* always, forever, ever
siglo century
significar (qu) to mean, signify
siguiente *(adj.)* following, next; **al día siguiente** on the following day, the day after
sílaba syllable
silenciosamente *(adv.)* silently, quietly
sin without; **sin embargo** nevertheless, however
sincero, -a *(adj.)* sincere
sino but (on the contrary)

situación *(f.)* situation
situar to locate, place
sobre *(prep.)* on, upon, over, above, about
sobrepasar to surpass
sobresalir *(irreg.)* to excel, stand out, be outstanding
sobrina niece; **sobrino** nephew
socorro help
sol *(m.)* sun
solamente (=**sólo**) *(adv.)* only, just
soldado soldier
soledad *(f.)* solitude, loneliness
solemne *(adj.)* solemn
solitario, -a *(adj.)* solitary
solo, -a *(adj.)* alone, single
sólo (=**solamente**) *(adv.)* only, just
soltar (ue) to free, let go (of), loosen
solución *(f.)* solution
sonar (ue) to sound, ring
sonido sound
soñar (ue) to dream
sonrisa smile
soportar to bear, stand
sorprender to surprise; **sorprenderse** to be surprised; **sorprendido, -a** *(p.p. & adj.)* surprised, puzzled
sorpresa surprise
sospechar to suspect
sostener to support, sustain
su, sus *(poss. adj.)* his, her, your, their
suave *(adj.)* soft, smooth
subir (a) to go up, climb
suceder to happen
sucesor *(m.)* successor
suelo floor, earth, ground
suerte *(f.)* luck
suficiente *(adj.)* sufficient
sufrimiento suffering
sufrir to suffer
sujetar to control, subject, hold, restrain
sur *(m.)* south

suroeste *(m.)* southwest
suyo, -a, -os, -as his, hers, yours, theirs

T

tal *(adj.)* such; **tal vez** perhaps
talento talent
tallado (de piedras preciosas) gemstone cutting
también also, too
tampoco *(adv.)* either, neither, nor
tan so, as; **tan...como** as . . . as
tango Argentinian dance
tanto, -a *(sing. adj.)* as much, so much; *(pl. adj.)* **tantos, -as** as many, so many; *(adv.)* as much, so much
tarde *(f.)* afternoon; *(adv.)* late; **más tarde** later
te *(pron.)* (to) you, (to) yourself
tela cloth
telaraña spider's web
temer to fear
temor *(m.)* fear
templo temple, church
temprano, -a *(adj.)* early; **temprano** *(adv.)* early
tender (ie) to stretch out
tener *(irreg.)* to have; **tener miedo** to be afraid; **tener que** to have to; **tener que ver con** to have (something) to do with
tercero, -a *(adj.)* third
terminación *(f.)* ending
terminar to finish, end
tesoro treasure
testigo *(m. &. f. n.)* witness
ti *(pron.)* *(obj. of a prep.)* you
tía aunt; **tío** uncle
tiempo time (period of time), weather
tienda tent, store
tiernamente *(adv.)* tenderly
tierra land

titular *(v.)* to title, entitle
título title
tocar (qu) to touch; play (music or an instrument)
todavía *(adv.)* still, yet
todo *(n.)* all, everything; **todo, -a** *(adj.)* all, every, any; **todo el mundo** everybody, everyone; **todos los días** every day
tolerante *(adj.)* tolerant
tomar to take, eat, drink
tono tone
tontería foolishness, nonsense
torcer *(irreg.)* to twist
tormenta storm
torre *(f.)* tower
torturar to torture
trabajador, -a *(adj. & n.)* worker
trabajar to work
trabajo work
tradición *(f.)* tradition
traer *(irreg.)* to bring; **trajeron** they brought
tragedia tragedy
traición *(f.)* treason
traicionar to betray
traidor, -a *(adj. & n.)* traitor
tras *(prep.)* after, behind
tratado treaty
tratar to try, treat; **tratar de + *inf.*** to try, attempt; **tratar de** to deal with (a subject)
tribu *(f.)* tribe
triste *(adj.)* sad; **tristemente** *(adv.)* sadly
tristeza sadness, sorrow
tronar (ue) to thunder
trono throne
tropa troop
tu, tus *(poss. adj.)* your
tú *(pron.)* you
tumbar to knock off, tear down
túnica tunic, robe
turbante *(m.)* turban, an Oriental head covering
turbar to disturb, distress, upset

U

ubicar to locate
último, -a *(adj.)* last; *(pron.)* last one
único, -a *(adj.)* only, unique; *(pron.)* only one; **lo único** the only thing
universidad *(f.)* university
universitario, -a *(adj.)* pertaining to a university
uno (un), -a *(sing. adj. & art.)* a, an, one; **unos, -as** *(pl.)* some, a few
urgencia urgency
usar to use
usted *(sing. pron.)* you; *(abbrev.)* **Ud., Vd.**
ustedes *(pl. pron.)* you; *(abbrev.)* **Uds., Vds.**

V

vacilar to hesitate
valer *(irreg.)* to be worth; **¡válgame Dios!** help me God!
valeroso, -a *(adj.)* brave, courageous
valiente *(adj.)* brave, valiant
valor *(m.)* value, worth, valor, courage
vano, -a *(adj.)* vain; **en vano** in vain
variedad *(f.)* variety
variado, -a *(adj.)* varied
varios, -as *(pl. adj.)* various, several
varón male
vasco, -a *(adj. & n.)* Basque; **vasco** *(n.)* Basque language
vascongado, -a *(adj.)* Basque
vecino, -a *(adj.)* neighboring; *(n.)* neighbor
vela candle
velocidad *(f.)* velocity, speed; **a toda velocidad** at full speed
vena vein
vencer (z) to defeat, beat, conquer

vendar to bandage
vender to sell
venganza vengeance
venir *(irreg.)* to come; **ven** *(familiar command)* come
ventana window
ver *(irreg.)* to see; **verse** to be seen, see each other, look
verdad *(f.)* truth
verdadero, -a *(adj.)* true, real
verde *(adj.)* green
vergüenza shame, embarrassment
vestido, -a *(adj.)* dressed; **vestido de** dressed in, as; **vestido** *(n.)* dress; **vestidos** *(pl. n.)* clothes
vestir (i) to dress, wear; **vestirse** to get dressed
vez *(f.)* time; **a la vez** at the same time; **a veces** sometimes, at times; **en vez de** instead of; **tal vez** perhaps; **una vez** once; **otra vez** again; **una y otra vez** again and again
viajar to travel
viaje *(m.)* trip, voyage
viajero, -a *(adj.)* traveling; *(n.)* traveler
víctima *(f.)* victim
vida life
viejo, -a *(adj.)* old; *(n.)* old man, old woman; **viejecillo, -a, viejecito, -a, viejito, -a** *(n.)* little old man, woman
viento wind
vigilancia vigilance

visigodo, -a *(adj. & n.)* Visigoth, one of the Germanic tribes that invaded Spain after the fall of the Roman Empire
virgen *(f.)* virgin
virtud *(f.)* virtue
visita visit
visitar to visit
viuda widow; **viudo** widower
vivir to live
volar (ue) to fly
voltear to turn (around)
voluntad *(f.)* will, wish, desire
volver (ue) to return; **volver a + inf.** to (do something) again; **volverse** to become, turn around; **vuelto** *(p.p.)* returned
voto vow
voz *(f.)* voice; **en voz alta** in a loud voice; **en voz baja** in a soft voice
vuelta turn, return

Y

y *(conj.)* and; **e** (in place of **y** before a word beginning with **i** or **hi**)
ya *(adv.)* already, now, yet
yerno son-in-law
yo *(pron.)* I

Z

zapatería shoe store, shoe shop
zapatero, -a shoemaker, cobbler
zapato shoe; **zapatito** little shoe